Inhalt

Praeambulum 4

Latinum banalis **(Das Alltagslatein)**
Für den einfachen und einmaligen Anwender, den *consumator simplex et singularis* 5

Neo-Latinum **(Das Neu-Latein)**
Für den modebewußten, eindrucksstarken Nutzer, den *homo neologissimus distinguisque* 29

Neon Latinum **(Das Neon-Latein)**
Für den angesagten Juppi, den *juvenilis urbanus pro plebejus imitationes* 44

Latinum rhetoricum **(Das Fein-Latein)**
Für den gepflegten, stets unaufgeregt geschmackvollen Tisch-, Gast-, Lob- oder sonstigen Redner, den *orator generalis* 54

Latinum insultum permanentum **(Das Rüpel-Latein)**
Für den forschen und ständig zum Händel aufgelegten Allüberlegenen, den *homo omnipotens* 66

Latinum iustitiae **(Das Rechts-Latein)**
Für den Laien-Richter, den *advocatus diaboli* 72

Latinum medicum **(Das Kranken-Latein)**
Für den gesunden Menschenverstand des *homo medicus autodiagnosticus* 77

Latinum biologicum **(Das tierische Latein)**
Für den gelegentlichen Menschenfeind, den *homo misanthropicus* 89

Latinum agricolum privatissimum **(Das Gärtner-Latein)**
Für den Freund des Lebens, des Waldes und der Wiesen, den *homo humus* 94

Latinum totale **(Das Latein-Register als *non plus ultra* in non plus ultra)** ... 98

Praeambulum

Nichts geht mehr ohne – *nullum vadit plus sine*, wie die *Neo*-Lateiner sagen. Kein Zweifel, *sine dubio*: wir werden *bi-lingual!* Das große Latinum gehört wieder zum guten Ton, dem *bonum accordum*, wie das *urbi et orbi* zu Ostern – und vergebt unseren Gläubigern. Wie in den Zeiten des *Prae*-Anglismus, als noch nicht englische Füllsel die Rede zum small talk machten, unterhält sich der gebildete großstädtische Mensch, der **juppi** (aus dem **Neon-Latein**: *juvenilis urbanus pro plebejus imitationes.* Schon an diesem Begriff zeigt sich, wie nötig der Juppi ein gutes Latein hat), wie die Altvorderen, die *generatio antiqua.*

Ob beim Arzt, in der Politik oder im Kleingarten – der *homo medicus*, der *homo politicus* und der *homo humus* beleben den *dialogus* mit lateinischer Rede – werden Sie auch ein *homo spiritus*, ein hochprozentiger, geistvoller Unterhalter, mit Vokabeln vom Feinsten, der *ultima verb-ratio*: das *Latinum diversum* des Lebens, hier auf den Nenner gebracht, zum *Latinum banalis* für den einfachen Anwender, den *consumator singularis* – fein sortiert, *sortis sortissimus*, nach den Erfordernissen der gepflegten Rede, dem *rhethoricum bonum notum plus ultra.*

Dem habe ich hier – nach meinem erfolgreichen Bestseller **Ex Cathedra** – Rechnung getragen, *summa summarum*, und mich in die Tiefen lateinischer Lebensart in unseren Städten begeben, um dem geneigten Leser hier einen trefflichen Leitfaden für antiken Umgang miteinander an die Hand zu geben.

Und den Latein-Lehrern unter uns, jenen trefflichen Kollegen, die nie aufhören, den stolzen Alten nachzueifern, rufe ich mit dem bekanntesten aller Dichter von Latinitas zu: *ego legit iuvenalis scholis in Germania!*

Valete
Ihr *Marcus Plebejus*, zur Zeit Neu-Perlach,
anno domini MCMXC

Latinum banalis

Das Alltagslatein

Für den einfachen und einmaligen Anwender, den *consumator simplex et singularis*

A

abdicatio

In der Schule: »Daß diese Pauker sich auch auf Deubel komm' raus bis zur *abdicatio* an ihrer Lehrbefähigung festhalten müssen!«

Bedeutung: Abdankung

abiudicatio

Im Büro: »Ich versteh' nicht, wie der Grünberger so ausflippen konnte. Der hat doch sonst die Medaille für leichtes Nehmen für sich gepachtet.« – »Wir sind grad bei der *abiudicatio* – der wird sich noch schwertun.«

Bedeutung: Aberkennung

abiuratio

In der Kneipe: »Soll das auch wirklich Ihr letztes Glas sein? Wir wollen gleich schließen.« – »Was erwarten Sie? Eine *abiuratio*?«

Bedeutung: Abschwörung

ad multos annos

Am Geburtstag: »Karl! Hoch die Tassen – *ad multos annos* !« – »Och nee, Gerd, du weißt doch, daß ich so'n Zeug nich' trink'.«

Bedeutung: Auf viele Jahre! (Glückwunsch)

ad notam

Während der Klassenarbeit: »Kann das sein, Gerd, daß dir Karl gerade einen Schummelzettel rübergereicht hat?« – »Nein, das war nur *ad notam*, was er heute nachmittag so vorhat.«

Bedeutung: zur Kenntnis

amor fati

Auf der Straße: »Du trägst ja immer noch diesen Lodenmantel, den du damals schon getragen hast!« – »Tja, *amor fati*!«

Bedeutung: Schicksalsbejahung; wörtlich: Liebe zum Schicksal

ante mortem

Zum Vater: »Sorry, ich muß dich nochmal um fuffzig Mark angehn.« – »Mein Junge, du solltest *ante mortem* mit meinem Geld umsichtiger umgehen.«

Bedeutung: vor dem Tode

auditus

Im Hutgeschäft: »Suchen Sie mir den Deckel 'ne Nummer größer raus – mein *auditus* is 'n bißchen ausgeprägt.«

Bedeutung: Hörvermögen

B

bona fide

Auf der Straße: »Könn' Se mir ma 'ne Mack leihen, Chef?« – »Na gut, ich bin ja sowas von *bona fide.*«

Bedeutung : guten Glaubens

C

Cerberus

Vor der Diskothek: »Hau ab, du Pappnase, wir lassen nur schöne Menschen ' rein!« – »Schau, schau, der *zerberus* kann sprechen.«

Bedeutung: Höllenhund, grimmiger Wächter, Ballsporttorhüter

ceteris paribus

Zu Hause: »Paps, man sagt, du hättest Lotti Geld für neue Rollschuhe gegeben – müßte das nicht auch *ceteris paribus* für mich gelten?«

Bedeutung: bei sonst gleichen Bedingungen

circulus vitiosus

Im Cafe: »Du hängst auch immer bloß mit denselben Typen rum.« - »Na und, das ist eben mein *circulus vitiosus.*«

Bedeutung: (fehlerhafter) Zirkelschluß

circulus vitiosus

circumscriptum

Beim Brieflesen: »Ooch, da sind ja nich'mal Grüße für mich dabei.« – »Maul' doch nich' – lies doch erstmal das *circumscriptum*.«

Bedeutung: klar abgegrenzt

clavus

In der Gaststätte: »Herr Ober, was sind denn das für Fettaugen hier auf der Bouillon?« – »Na, bei Rinderbrühe wird' s ja wohl kaum ein *clavus* sein.«

Bedeutung: Hühnerauge

communis

Die junge Liebe: »Nee, wenn ich mit dir zusammenziehen soll, müssen wir uns vorher erst verloben. Ich bin für *communis* und gemeinsame Freßkasse nich' zu haben.«

Bedeutung : gemeinsam, öffentlich

compendium

In der Schule: »Kannst du mir sagen, wieviel Einwohner Andorra hat?« – »Sorry, hab' mein *compendium* nich' dabei!«

Bedeutung: kurzes Lehrbuch

crux

Auf dem Schulhof: »Gehste auch zum Konfer?« – »Ne, geht nich' – bin doch nich' getauft.« – »Ja, es is' schon eine *crux* mit der Kirche: die wollen einem auch alles andrehn.«

Bedeutung: Kreuz, Belastung

cubus

Im Wartesaal: »Woll'n so lange 'n Kartenspielchen machen, bis der Zug kommt?« – »Hast kein' *cubus* dabei?«

Bedeutung: Würfel

defloratio

D

defloratio

Im neuen Eigenheim: »Bißchen üppig der Garten, wa?« – »Ach wat, da kommt Unkraut-Ex drüber, und schon ham wer die *defloratio totalis*, nech?«

dominus vobiscum

Neulich im Cafe: »Na Mädels! So allein am Tisch? Heut mal den *dominus vobiscum* daheim gelassen?«

Bedeutung: Der Herr sei mit Euch!

E

eo ipso

Unter Freunden: »Tust' mir 'n Gefallen, ey?« – »Logo.« – »Echtu? *Eo ipso* – oder willste einen guthaben?«

Bedeutung: von selbst

erratum

In der Redaktion: »Ham Sie Ihr eigenes Manuskript nich' gelesen? Wie kann man so'n Quatsch bloß weiterreichen?« – »Aber, Chef, *erratum humanum est*!«

Bedeutung: (Druck-)Fehler

ex cathedra

Beim Scheidungsanwalt: »Wir waren doch kaum *ex cathedra*, da hat sich der Filou schon nach anderen umgesehn.«

Bedeutung: Titel des berühmten Buches von Marcus Plebejus, des Hortes abendländischer Bildung und Belesenheit, des *fundus grandiosus perplexus perpetuus*, natürlich aus der editio muscarum, dem Verlag mit der Fliege

ex est

Neulich am Tresen: »Cheers!« – »Hau weg den Scheiß!« – »*Ex est*, Jungs!«

Bedeutung: (Küchenlatein:) es ist aus

ex officio

Im Restaurant: »Ach, Herr Amtmann, gut, daß ich Sie hier treffe!« – »Kein Wort weiter! Sehen Sie denn nicht, daß ich mit der Dame hier ganz *ex officio* bin?«

Bedeutung: vom Amts wegen

exportus

Beim Empfang: »Noch'n Gläschen Sekt, die Herren?« – »Danke, ich nehm' denn lieber mal 'nen *exportus*, wenn' s recht is'.«

expressis verbis

Im Cafe: »Herr Ober, ich hatte doch keinen Espresso bestellt.« – »Aber ja, mein Herr, ich hab's doch genau gehört!« – »Hab' ich nich', mein Lieber, *expressis verbis* nich'!« – »Na bitte, jetzt bestellt der schon wieder!«

Bedeutung: ausdrücklich

extra muros

Zu Hause: »Hansi, fummelst du schon wieder am Chemiebaukasten – das stinkt ja schauderlich.« – »Tut mir leid, der Fluch der Wissenschaft. Ich kann meine Experimente ja nicht *extra muros* tätigen.«

Bedeutung: außerhalb der Mauern

G

gaudeamus igitur

In der Bar: »Soll ich Ihnen was shaken?« – »Is' mir zu modern. Machen Sie mir irgendein *gaudeamus igitur* ins Glaserl, nich' dieses bunte Zeugs, das reicht mia scho.«

Bedeutung: freuen wir uns denn!

genus

Neulich im Jeansshop: »Nee echt, bei aller Liebe, aber die Hosen sind ja schon ohne Anziehen in der Badewanne zu eng. Das geht einem ja voll auf das *genus*.«

Bedeutung: Gattung

gerontocratus

In der Schule: »Ham den Klassenlehrer gewechselt: Is' jetzt der olle Müller-Gerbes!« – »Du Scheiße, der knuffelige *gerontocratus*?«

Bedeutung: Altenherrscher

H

habent sua fata libelli

In der Klasse: »Du behauptest, deine Hausaufgaben seien vor die Tram gefallen, die dadurch leicht aus den Gleisen gehoben wurde, dabei scharf bremste und so eine unvorsichtige Frau mit Kinderwagen nicht überfuhr?« – »So wahr ich hier stehe: *habent sua fata libelli.*«

Bedeutung: Bücher haben ihre Schicksale

hoc est

In der Alma Mater: »Was sitzen Sie und Ihre Kommilitonen denn hier vor dem Seminarraum statt drinnen, Weisenstein?« – »Das ist ein sit-in, Herr Professor.« – »Das bedeutet?« – »Das is' ein *hock est*, gelle.«

Bedeutung: das bedeutet

homo oeconomicus

homo oeconomicus

Neulich im Supermarkt: »Du hier, Edgar? Am Dosenregal? Ich denk, du bist Guhrmäh?« – »Na weißtu, Erwin, ich bin doch auch ein *homo oeconomicus*, oder?!«

Bedeutung: wirtschaftlich denkender Mensch

homo oecologicus

In der Diskothek: »Ich bin jedenfalls überzeugter *homo oecologicus*, Jungs – oder habt ihr keinen Spaß an freilaufenden Hühnern?«

Bedeutung: ökologisch denkender Mensch

horribile dictu

Im Büro: »Warum hast du denn deinen Sekretär gefeuert – der war doch flink und gebildet?« – »Ach, der Kerl hat mich doch nicht ernst genommen: der murmelte immer, wenn ich ihn zum Diktat rief, *horribile dictu*!«

Bedeutung: Gott sei' s geklagt; wörtl.: schrecklich zu sagen

homo hydrophilis

hydrophilis

Auf der Party: »Den Whisky on the rocks, Michael?« – »Ich bin doch nicht *hydrophilis*.«

Bedeutung: (Laborlatein:) wasseranziehend

I

id est

Vor Gericht: »Sind Sie denn mit Blindheit geschlagen, verkehrt herum in die Einbahnstraße einzufahren?« – »Mitnichten, Herr Vorsitzender: Hinter mir hupte es noch, *id est* dachte ich, jetzt aufs Gas, da kommt wer Eiliges.«

Bedeutung: das heißt, also

ignoramus et ignorabimus

Im Cafe: »Schau her, da kommen Tom und Uli – wie Dick und Doof.« – »Pfui, bistu gemein – die sehn doch eher nach *ignoramus et ignorabimus* aus.«

Bedeutung: wir wissen es nicht und werden es auch nicht wissen

homo in aeternum

in aeternum

Im Rundfunksender: »Ist Carlo gerade auf Äther – ist ohne ihn gleich so still inner Kantine?!« – »Du, der is' neuerdings auch hier immer sowas von *in aeternum*, seit er sich für seinen ersten Fernsehauftritt 'n paar Mikrowellen hat kondulieren lassen.«

Bedeutung: auf ewig

in spe

Im Restaurant: »Wollen Sie den Fisch auf einem Zucchini-Bett oder in Grüner Soße?« – »Weder noch. Ich wünsche ihn *in spe*.«

Bedeutung: baldig, zukünftig; wörtl.: in Hoffnung

incendium

In der Kneipe: »Na, Ernst, ein Großes?« – »Hau rein, Kurt, ich hab 'n *incendium.*«

Bedeutung: der Entzündete (dicke Zeh), Brand

initium

Am Morgen: »Wach auf, du Penner!« – »Meine Güte, so ein *initium* kann einen ja für den ganzen Tag motivieren.«

Bedeutung : Anfang

inquisitor

Zu Besuch bei Oma: »Kleiner, was willste denn mal werden?« – »*Inquisitor.*«

Bedeutung : (Natur-)Forscher; Kläger, Anwalt, (Untersuchungs-)richter, Spitzel

integer

In der Sauna: »Du machst mit Engelhuber Geschäfte?« – »Na klar, der Typ is sowas von *integer.*«

Bedeutung : (wörtl.:) unberührt

intelligo ut credam

An der Wohnungstür: »Herzlichen Glückwunsch zum Vierzigsten, Horst!« – »Wie hastu das bloß wieder rausbekommen, Knut?« – »Tja, *intelligo ut credam*, sach ich immer.«

Bedeutung: ich gebrauche den Verstand, um zu glauben

intra muros

Im Büro: »Woran arbeitest du denn gerade?« – »Das darf ich nicht nach draußen tragen!« – »Ah, verstehe, der Herr hat *intramurös* zu tun, ja dann!«

Bedeutung: innerhalb der Mauern; geheim

intus

In der Bar: »Larry deliriert wieder vor sich hin.« – »Aha. Ich fragte mich schon: ist der konfus oder *intus.*«

Bedeutung: innen

invadere

An der Haustür: »Spinnste, noch nachts um drei bei mir zu klingeln. Das ganze Haus schläft schon.« – »Keine Texte, Alter. Ich hab' Karten und Gerstensaft anbei – dies ist ein *invadere*.«

Bedeutung : gewaltsames Eindringen

ipsissima verba

Im Treppenhaus: »Diese Frechheiten verbitte ich mir, Frau Englert! Karl, sag' du doch auch mal was dazu!« – »Mir verschlägt's permanent die *ipsissima verba* bei derlei Vulgaritäten.«

Bedeutung: genau *die* Worte

irrespirabilis

Im Skatclub: »Mensch, Gerdchen, hast' das Qualmen aufgegeben? Auch so ein Gesundheitsapostel geworden, wie?« – »Nö, aber das Kraut heute ist doch *irrespirabilis* – das ist doch bloß noch für hauchdünne Fotomodelle.«

Bedeutung: nicht atembar

L

locus communis

Im Restaurant: »Wo issen euer Klo hier?« – »Wünschen der Herr zuerst zu trinken oder zu speisen?« – »Würd' ich dann nach dem *locus communis* fragen, du befrackter Zossel?«

Bedeutung: Allgemeinplatz, Binsenwahrheit

locus horridus

In der Schule: »Überraschung! Hefte raus für eine Latein-Arbeit!« – »Es ist mal wieder der reinste *locus horridus*.«

Bedeutung: fürchterlicher Ort, Hölle

M

manufactura

Im Keller: »Toll! Und das haben Sie alles selbst gebastelt?« - »Logo, alles meine *manufactura*.«

Bedeutung : Handwerk

maturum

Beim Tanzkurs: »Na Süße, wie alt bistu denn?« – »Ich hab' bald mein *maturum*, Sie Flegel.« – »Bin ich Gynäkologe? So genau wollt' ich's denn auch nicht wissen.«

Bedeutung: Reifeprüfung

media vita in morte sumus

Im Restaurant: »Wie hätten Sie das Fleisch denn gerne: medium oder durch?« – »Welch' rohe Frage. Aber wir lernen daraus: *media vita in morte sumus*.« – »Na gut, also doch medium.«

Bedeutung: mitten im Leben sind wir vom Tode umschlossen

medium

In der Schule: »Verdammt, Kevin: Du sollst Sascha nicht andauernd vorsagen!« – »Ich kann nix dafür – ich bin nur sein *medium*.«

Bedeutung: Mittel

modus vivendi

Im Hifi-Geschäft: »Dies ist der Rauschfilter-Modus, und daneben der Digital-Sound Modus und daneben.....« – »Ham Sie nich' auch einen mit 'nem *modus vivendi*?«

Bedeutung: Zusammenleben

monogamus

Im Cafe: »Fühlste dich nich'? Du siehst total angemacht aus.« – »Im Gegentum, ich hab' schweres *monogamus*-Drücken im Magen.«

mundus intelligibilis

Zu Hause: »Mußt du denn immer diese Comics schmökern?« – »Jaja, du hast den *mundus intelligibilis* ja weitläufig erkundet, um dann Hausfrau zu werden.«

Bedeutung: Ideen-/Vernunftwelt

musica antiqua

Auf der Party, Mitternacht: »Lech doch ma die Schtonz auf, ey!« – »Bei dir scratched es wohl – *musica antiqua* kommt mir nicht auf den Teller.«

mutatis mutandis

In der Boutique: »Meinen Sie wirklich, daß der Anzug paßt? Ich finde, ich seh' darin ein wenig buckelig aus.« – »Aber ganz genom paßt der – noch *mutatis mutandis* 'n paar Abnäher hier und da, gewiß.«

Bedeutung: mit den notwendigen Abänderungen

homo mutatis mutandis

N

nervus rerum

Im Wohnzimmer: »Paul, mach' gefälligst die Heulmusik leiser! Muß denn heute jeder auf meinem *nervus rerum* rumtrampeln?«

Bedeutung: Hauptsache

non vitae, sed scholae discimus

In der Schule: »Nun Willi, wie heißt denn unser aller Lern-Motto, nech?« – »*Non vitae, sed scholae discimus*, Herr Dr. Knuth.«

Bedeutung: Wir lernen nicht für das Leben, sondern für die Schule.

O

obiectum

Auf der Vernissage: »Mein Bester, auf diesem Stuhl können Sie doch nicht sitzen! Das ist ein Exponat!« – »Kann doch kein Arsch wissen, daß das ein *obiectum* is'.«

Bedeutung : das Entgegengestellte, Gezeigte, Vorgeworfene

obligatus

Vor dem Restaurant: »Tut mir leid, der Herr, ohne Schlips kommen Sie hier nicht ' rein.« – »Herr Zeremonienmeister, ihr *obligatus* interessiert mich nicht – ich will essen und nicht einen Kredit aufnehmen.«

Bedeutung: der Gebundene; der Zugebundene; das Übliche

obstinatum

In der Konzertpause: »Toll, wie der mit dem Stöckchen in der Hand immer noch mehr Blech nach vorn gekitzelt hat fürs Finale.« – »Jaja. Das *obstinatum* war ganz hörenswert.«

Bedeutung: das, auf dem bestanden wird; das Hartnäckige

offertus

An der Gegensprechanlage: »Krkrkrk, hallo, hallo, hier ist eine Reklamesendung für Sie mit vielen Gewinnmöglichkeiten.« – »Guter Mensch, behalten Sie Ihre *offertus* doch für sich, dann brauchen Sie künftig nicht bei anderen zu klingeln.«

omnia mea mecum porto

Auf dem Postamt: »Ihr Brief ist unterfrankiert.« – »Kann man nix machen – *omnia mea mecum porto.*« – »Na sag' ich doch: mea Porto!«

Bedeutung: all meinen Besitz trage ich bei mir

optima fide

Auf der Straße: »Na Alter, alles klar?« – »Logo, alles *optima fide*!«

Bedeutung: im besten Glauben

opus tesselatum

In der neuen Wohnung: »Das Steingedöns in der Küche hätt' ich aber rausgerissen!« – »Bist du noch zu retten? Das reinste *opus tesselatum*!«

Bedeutung: Fußbodenmosaik

ora pro nobis

Im Cafe: »Ja, gottverdammt, wer hat denn noch gleich die drei Lumumba geordert?« – »Herr Ober! *Ora pro nobis.*«

Bedeutung: bitte für uns!

oraculum

Am Telefon: »Sprechen Sie nach dem Pfeifton!« – »Pfeifton! Daß ich nicht lache! Dann frag' dein *oraculum* heut' abend mal schön, wer sich deiner Maschine widersetzt hat.«

orbis terrarum

Beim Diaabend: »Alle Achtung, Möller, Sie sind rumgekommen!« - »Mit Verlaub, ich kenn' den *orbis terrarum*, Herr Windschneider.«

Bedeutung: Erdkreis

ordinarius

In der Diskothek: »Warum hast du denn dem Larry auf offener Fläche eine geklebt?« – »Du hättest mal dessen Witzchen hören müssen – der Kerl is' ja sowas von einem *ordinarius.*«

Bedeutung : ordentlich, vorzüglich

oremus

Am Bahnhof: »Gute Reise!« – »Und viel Glück.« – »Alles, alles Gute.« – »Und komm' gesund an....« – »Mutter, Oma, Tante – können wir das *oremus* nicht ein wenig abkürzen?«

Bedeutung: laßt uns beten!

otium cum dignitate

Im Ausflugslokal: »Ist das brechend voll hier! Und laut. Scheiß-Rentner-Busse!« – »Jaja, die *otium-cum-dignitate*-Generation trampelt kräftig auf unseren Nerven ' rum.«

Bedeutung: wohlverdienter Ruhestand

P

panem et circenses

Morgens in der Bäckerei: »Zehn Schrippen, wie immer?« – »Wat sonst? *Panem et circenses?*«

Bedeutung: Brot und Spiele

pastoralis

Auf der Parkbank: »Gudrun, ich wollte dir schon lange etwas sagen:...« – »Komm' schon, Michael, werd' doch nich' so *pastoralis.*«

Bedeutung: geistlich, hirtenmäßig

per fas et nefas

In der Schule: »Drück dich präziser aus, Kevin, nicht immer dieses Irgendwie-Gestammel.« – »Ja, also, *per fas et nefas...*«

Bedeutung: irgendwie, auf jede Weise, wörtl.: durch Glück und Unglück

perpetuum

Sonntagabend: »Seid mir nich' böse, Freunde, aber jetzt möchte ich gerne die ›Lindenstraße‹ sehen!« – »Nicht dein Ernst: du ziehst diesen Serien-Schmonzens unserem Besuch vor?« – »Ich muß doch bitten, es handelt sich hierbei um ein öffentlich-rechtliches *perpetuum visuale.*«

perpetuum mobile

perpetuum mobile

Im Cafe: »Fährste Fahrrad oder stehste neuerdings auf Knickerbocker, wa?« – »Hau man nicht so auf die Sahne, Ed, ich bin eigenbeinig mittem *perpetuum mobile* angerauscht, verstehste, – Vollcabrio, *pedal power*, würd' Larry Bogart sagen.«

Bedeutung : Erfindung von Leonardo da Vinci: Die Maschine, die sich endlos aus sich selber antreibt (er notierte hinter die Konstruktionszeichnungen: Geht nich'.

Bedeutung: Erfindung von **Larry K. Bogart: Hot Stuff – Englisch für Hochstapler,** (Eichborn-Verlag)

persistens

Im Garten: »Ihr Fleißiges Lieschen blüht ja toll.« – »Eigene Züchtung hin zum *persistens*, nech?«

Bedeutung: anhaltend, widerständig

persona grata

Auf der Party: »Immer wieder schön bei Ihnen, Neubert – und all die netten Leute!« – »Logisch, da kommen mir nur *persona grata* hier herinnen.«

Bedeutung: willkommene Person

persona gratissima

Auf der Straße: »Was, du grüßt die Uschi, die olle Tratsche?« – »An der kommt keiner vorbei, die ist halt überall 'ne *persona gratissima.*«

Bedeutung: sehr willkommene Person

persona non grata

Im Büro: »Meier, Sie haben als Person kein Rückgrat, eine richtige *persona non grata*«

Bedeutung: unerwünschte Person

post mortem

Im Fischgeschäft: »Wir haben auch lebende Forellen!« – »Danke, ich eß' sie nur *post mortem.*«

Bedeutung: nach dem Tode

persona gratissima

Q

qua

Im Kasino beim öffentlich-rechtlichen Rundfunk: »Wie ist der Thommie mit seiner Dampfplauderei bloß so weit gekommen?« – »Der hat *qua* Quark all' seine wenigen Hirnmuskeln geschmeidig gemacht.«

Bedeutung: in der Eigenschaft als, mittels, durch

quantum

Beim Weinhändler: »Und hier haben wir noch ein gutes Tröpfchen vom Faß.« – »Ah ja, da hätt' ich gern ein *quantum* abgefüllt.«

homo quantum satis

quidproquo

Am Spielfeldrand: »Mensch Paul, toll, daß sie dich endlich aufgestellt haben – wenn's auch erst nur die Reservebank ist: Es geht voran.« – »Nö, übertreib' nich', bin doch bloß das *quidproquo* fürs winning team.«

Bedeutung: Ersatz; Gegenleistung; wörtl.: etwas für etwa

quo vadis

Im Büro: »Ich hab' gehört, Sie machen einen Abenteuerurlaub, Scholz – so ohne Hotelbuchung und so.« – »Stimmt, Herr Bienert, das *quo vadis* ergibt sich dann schon.«

Bedeutung: wohin gehst du?

quod erat demonstrandum

In der Schule: »Also aufgepaßt, ihr Schlafmützen!« – »Heute hebt er aber wieder urig zu seinem *quod erat demonstrandum* ab.«

Bedeutung: was zu beweisen war

quodlibet

Zu Hause: »Benny, räum' sofort auf – in zehn Minuten will ich dies wüste *quodlibet* in deinem Zimmer nicht mehr sehn.«

Bedeutung: Durcheinander; jedes Beliebige; was auch immer gefällt

R

raptus

In der Diskothek: »Was soll der Lärm? Is' der disc-jockey ohnmächtig, oder hat die Nadel Flöhe?« – »Das ist der neue Sound der Schwarzen, mein Guter, wird als *raptus* klassifiziert.«

Bedeutung: Raub, Entführung, Riß

renegatus

An der Bar: »Eine Irrsinnsfrau dahinten!« – »Beruhige dich, Walter, das is' ein Typ.« – »Nee. Ich werd' noch zum *renegatus*, wenn das so weitergeht.«

Bedeutung: Abtrünniger vom Glauben

requiescat in pace!

Am Abend: »Gute Nacht, allseits!« – »Schon recht. *Requiescat in pace!*«

Bedeutung: er ruhe in Frieden!

res cogitans

In der Videothek: »Fünf Filme ausleihen? Is' das nich'n bißchen viel für 'n Abend?« – »Ach was! Der *res cogitans* wird einfach auf freeze gestellt.«

Bedeutung: der (denkende) Geist, wörtl.: die denkende Sache

S

sacrificium intellectus

Im Treppenhaus: »Herbert, nun sag' doch auch mal was dazu, was die Frau da sagt.« – »Ich werd' doch kein *sacrificium intellectus* begehen.«

Bedeutung: Verzicht auf eigene Meinung, wörtl.: Opfer des Verstandes

sensorium

Unter Freundinnen: »Ich hab' mir eine Geschirrspülmaschine gekauft. Ewig die Hände im Wasch-Wasser – da schrumpelt einem ja das *sensorium*.«

socius

Beim Tandem-Treffen: »Grüß Gott, Walter, darf ich dir meinen *socius*, Erich, vorstellen?«

Bedeutung: Genosse

spolium

Auf der Straße: »Du hast deinen Manta ja goil aufgemotzt. Hast das *spolium* bei Irmscher aufgetrieben, wa?«

Bedeutung: Beutestück, Fell, abgezogene Tierhaut

status quo

Beim Arzt: »Doktor, machen Sie mir nichts vor: wie ist mein *status quo*?«

Bedeutung: (gegenwärtiger) Zustand

subsidium

Auf frischer Tat: »Ehrlich, ich hab' das Portemonnaie gefunden und wollte gerade damit zum *subsidium*, Herr Wachtmeister.«

Bedeutung: Rückhalt

sui generis

Auf der Parkbank: »Du bist ein irrsinnig attraktiver Mann, Michael, doch, doch.« – »Ach, nicht übertreiben, das kann man doch so *sui generis* gewiß nicht sagen.« – »Pfui, sowas, das hätt' ich nun nich' von dir gedacht!«

Bedeutung: besonders, einzig, von eigener Art

sum

Auf dem Büroflur: »Mensch, Henry, halt' die Luft an, du bist nicht Ilse Werner.« – »Papperlapapp. Summ ergo *sum*.«

Bedeutung: ich bin

summum bonum

An der Kasse: »Macht einhundertundvierzigzwoundsechzig!« – »Gute Güte, das ist ja ein schönes *summum bonum* geworden.«

Bedeutung: höchstes Gut

T

temperamentum

Am Strand: »Alte Landratte, komm' endlich ins Wasser!« – »Tut mir leid, das kühle Naß widerstrebt einfach meinem *temperamentum.*«

Bedeutung : richtige Mischung; Mäßigung; Mittelweg

terra incognita

terra incognita

Im Streit: »Du bist vielleicht ein Matscho!« – »Kenn' ich ja gar nich', sowas, das is' *terra incognita* für mich.«

Bedeutung: Unbekanntes Land, die Fremde

tertium non datur

Beim Kaffeetrinken: »Kann ich noch 'ne Preisselbeerschnitte?« – »No. *Tertium non datur.*«

Bedeutung: ein Drittes gibt es nicht

tertius gaudens

In der Kneipe: »Na Werner, kloppst' ein' mit?« – »Immer braucht ihr einen *tertius gaudens*, und wenn ich hernach das Spiel mach' , heiß' es, ich könnt' kein' Skat!«

Bedeutung: lachender Dritter

tertius gaudet duobus litigantibus[1]

In der Schule: »Wie lautet Cäsar's berühmte Sentenz nach seinem Gallien-Feldzug? Nun, Willi!« – »*Tertius gaudens duobus litigantibus*?«

Bedeutung: Wenn zwei sich streiten, freut sich der dritte.

[1] Stammt von **Sivius** und lautet eigentlich: »Duobus litigantibus tertius gaudet.«

tonus

An der Rezeption: »Haben Sie geläutet?« – »Wenn Sie von diesem *tonus* angelockt wurden – Läuten würd' ich das nicht nennen.«

Bedeutung: (Ganz-)Ton

totum

Im Büro: »Mußt du die Türen so knallen, Egbert?« – »Das *totum* hier hängt mir eben zum Hals raus.« – »Ich dachte, das wär' ein Schlips.«

Bedeutung: das Ganze

tua res agitur

Zu Hause: »Lieg' doch nicht immer auf dem Sofa 'rum – du fängst ja schon zu stinken an. *Tua res agitur.*« – »Das hat mein Arzt neulich aber anders formuliert.«

Bedeutung: dich geht es an, du mußt aktiv werden

U

ultra posse nemo obligatur

Im Büro: »Jetzt schläft der Müller doch schon wieder!« – »Da haben Sie selber schuld: Sie haben ihm doch den Wandspruch *ultra posse nemo obligatur* geschenkt.«

Bedeutung: Unmögliches muß niemand leisten

unus pro multis

In der Kneipe: »Bäh! Doppelkorn! Da trink' ich doch lieber drei Bier.« – »Eben! Meine Devise ist: *unus pro multis.*«

Bedeutung: einer für viele

urbi et orbi

Am Abend: »Ich fahr' in die Stadt. Kommste mit?« – »Ooch nö, wieder die ganze Nacht *urbi et orbi* machen, is' mir zu anstrengend.«

Bedeutung : der Stadt (Rom) und dem Erdkreis

V

vertatur

Im Strandcafe: »Daß du den ganzen Tag hier nur so rumsitzen kannst.« – »Was meinst du denn, wer den Bratlingen in der ersten Reihe stündlich das *vertatur* zurufen soll.«

Bedeutung: bitte wenden!

vide

Am Strand: »Was gaffen Sie denn so, Sie Voyeur?!« – »Aber, aber, man wird doch noch ein bißchen *vide vide* machen dürfen.«

Bedeutung: siehe!

vigilans

Im Park: »Ich find' es schön, hier im Freien zu picknicken.« – »Du warst schon immer etwas *vigilans*.«

Bedeutung: munter, frisch, alert

viribus unitis

Beim Umzug: »Verdammt, sind die Kisten schwer – und von *viribus unitis* ist natürlich keine Rede mehr.«

Bedeutung: mit vereinten Kräften

vis inertiae

In der Warteschlange: »Hey, geht's da vorn bald mal weiter?« – »Mit ihrer *vis inertiae* ist es wohl nicht weit her, mein Freund.«

Bedeutung: Beharrungsvermögen

Neo-Latinum

Das Neu-Latein

Für den modebewußten, eindrucksstarken Nutzer, den *homo neologissimus distinguisque*

A

acutus

Im Supermarkt: »Stellen Sie sich doch bitte in der Schlange an wie jeder andere auch.« – »Tut mir leid, bei mir isses *acutus* -ich hab' zu Hause zwei hungrige Mäuler zu stopfen.«

Bedeutung : scharf, spitz; geistreich

ad hoc

Auf der Straße: »Können Sie mir sagen, wie spät es ist?« – »*Ad hoc*, oder wollen Sie allgemein wissen, was die Stunde geschlagen hat?«

Bedeutung: augenblicklich

ad interim

Auf der Straße: »Schön, dich mal wieder zu sehen – bistu oft hier in der Gegend?« – »Ne, ich bin nur mal *ad interim* hier.«

Bedeutung: vorläufig

ad modum

In der Junggesellenwohnung: »Wie möchtest du das Frühstücksei? *Ad modum* rührum oder speculum?«

Bedeutung: nach Art und Weise

adde (!)

In der Küche: »Der Kuchenteig ist zäh wie Gummi. Ob ich da noch ein wenig Milch reintue?« – »Mädchen, *adde, adde*, mach' , was die Rezeptur hergibt.«

Bedeutung: füge hinzu (beim Rezept)

agitatum

Am Zeitungskiosk: »Wegen mir könnten die die ganzen gelben Blätter verbieten.« – »Weswegen das denn? Die sind doch völlig harmlos mit ihren dauernden Königshausgeschichten!« – »Im Gegenteil: wenn man so liest, wie das Geld anderswo auf den Kopf gehaun wird – das is' doch das reinste *agitatum*!«

Bedeutung: aufgewiegelt

animus

In der Einkaufszone: »Ist fünfhundert Mark nicht ein bißchen teuer für so ein Kostüm?« – »Ach was. Mein *animus* sagt mir, daß es eine Geldanlage für mindestens zwei Saisons is'.«

Bedeutung: Empfindung

anonymus

Spät am Abend: »Wer war denn da eben noch am Telefon?« – »Irgend so ein *anonymus*.« – »Und woran hast du ihn erkannt?«

aqua destillata

In der Kneipe: »Wovon is' denn Rudi so voll wie 'ne Natter?« – »Frag' mich was Leichteres – von *aqua destillata* bestimmt nich'.«

Bedeutung: destilliertes Wasser

Argus

In der Einkaufszone: »Hältst du mal kurz das Täschchen so lang – ich husch' nur mal schnell eben in das Geschäft hier rein.« – »Bin ich hier dein *Argus* oder was?«

Bedeutung: (myth.) scharfer Wächter (mit hundert Augen)

C

census

Einweihung des Eigenheimes: »War der Kredit teuer?« – »Naja, den kleinen *census* wollen wir mal unterm Mäntelchen der informationellen Selbstbestimmung lassen.«

Bedeutung: Abgabe, Zins

condominat

Mitternachtsgeflüster: »Tut mir leid, Gustl: ›ohne‹ läuft mit mir nicht.« – »Dann ist das *condominat* hier auch schon eingeführt?«

Bedeutung: Herrschaftsgebiet

connotatus

Im Büro: »Herr Neumann, setzen Sie sich mit in unsere Runde und schreiben Sie mit. Es ist mir zu wenig, wenn Hasekiel nur ein Protokoll macht.« – »Herr Dr. Meyer, ich bin Sekretär und kein *connotatus*!«

Bedeutung : der, auf den angespielt wird

convivium

Nach dem Fußballmatch: »Solche schlaffen Säcke auf dem Feld – da kann man nur noch abkotzen oder sich dem *convivium* hingeben.«

Bedeutung: Gelage

D

de facto

Beim Autohändler: »Und auf Rost haben Sie zehn Jahre Garantie.« – »Hält die Karre denn *de facto* so lang?«

Bedeutung: tatsächlich

definitum

Auf dem Bahnhof: »Fährt der Zwölfuhrdreissig auch bestimmt pünktlich?« – »Nun, ein *definitum* kann ich nicht geben.«

Bedeutung: bestimmt

dispositor

Vor dem Restaurant: »Sie müssen warten, bis ich Ihnen einen Platz zuweisen kann.« – »Aber, lieber *dispositor*, is' da nicht irgendwas Unbürokratisches zu machen?«

Bedeutung : Ordner

ductus

Im Büro: »Müller geht so bucklig, als trüge er immer seinen Schreibtisch auf den Schultern.« – »Das ist eben sein verantwortungsvoller *ductus*.«

Bedeutung: (charakt.) Zug, Gang

E

editiones muscarum

In der Kantine: »Mist, ich hab' meine Stulle mit Käse verlegt.« – »Die findste spätestens wieder, wenn die Fliegen drüber kreisen – ich sach nur: verlegt für die Fliege – *editiones muscarum.*«

Bedeutung: Verlag mit der Fliege, wörtl.: Ausgaben der Fliegen

homo energicum

energicum

Im Cafe: »Los, los, Leute – laßt uns was unternehmen!« – »Hast wohl zuviel *energicum* geschluckt, Peter?«

Bedeutung: energisch

eroticus

Auf der Parkbank: »Tina, Sie haben da Tomatensauce auf der Bluse!« – »Mit allen Tricks gewaschen, der Mann. Sie kleiner *eroticus,* Sie!«

espressivus

Im Restaurant: »Müssen Sie sich denn so laut unterhalten? Man hört am Nebentisch jedes Wort!« – »Ja meine Güte, kann man denn nirgendwo ein bißchen *espressivus* sein?«

Bedeutung: ausdrucksstark

exorbitantus

Unter Freundinnen: »Wow, dein neues outfit is' ja *exorbitantus.*«

Bedeutung : seitwärts springend, abweichend

externum

Bei der Parteiversammlung: »Ich hab' aus Bonn gehört....« – »Nun verbreite hier doch bloß kein *externum*!«

Bedeutung : fremdes, äußeres

exitus

In der Autowerkstatt: »Wie ist Ihre Diagnose, Chef?« – »Herr Wagner, eine schlimme Nachricht für Sie: *exitus*!«

Bedeutung: Ausgang, Ende, Tod

extractum

Beim Italiener: »Bringen Sie uns zwei Espresso!« – »Was ist denn das, Junge?« – »Das ist *extractum* vom Kaffee, Muttern.«

Bedeutung : Herausgezogenes

homo extractum

F

factum

Am Stammtisch: »Du hast keine Ahnung, Alter. *Factum* ist, daß alles so läuft, wie ich es vorhergesehen habe!«

formaliter

In der Wohngemeinschaft: »Hast du dir ohne meine Erlaubnis meine Platten ausgeliehen?« – »Nun werd' bloß nich' so *formaliter.*«

Bedeutung: der Form nach

fulminatae

Die Einladung: »Seid ihr auch zu Frenzels eingeladen? Ich kann euch jetzt schon sagen, Giesbert's Lasagne sind *fulminatae*!«

Bedeutung : vom Blitz getroffen

G

generaliter

Der Ehestreit: »Hör' auf, mich so herumzukommandieren. So *generaliter* kannst du dich bei deinen Kumpels aufführen.«

Bedeutung: allg. gesehen

H

habitus

In der Boutique: »Meinen Sie echt, daß so'n Strohhut einem voll den Strand-*Habitus* gibt?«

Bedeutung : Aussehen

humanitas

Zu Hause: »Daddy, 'nen Fuffie mehr im Monat – ich appelliere an deine *humanitas.*«

Bedeutung : Menschlichkeit

I

imago

Im Cafe: »Tu' doch nich'so eingebildet, Roger!« – »Jeder nach seinem *imago,* Gottfried.«

Bedeutung: (Eben-)bild

immobilis

Beim Apres-Ski: »Is' der Gips echt?« – »Nich' der Rede wert. Bin nur ein wenig *immobilis.*«

Bedeutung : unbeweglich

impetus

Auf dem Heimweg: »Das war wieder ein Frust-Tag. Komm', Kurt, wir nehmen noch einen *impetus.*«

Bedeutung : Ansturm, Angriff, Leidenschaft

impulsus

Im Studio: »Na, das ist doch ein groove, der in die Füße geht, was, Mac?« – »Mag sein, einen kleinen *impulsus* hab' ich jedenfalls auf meinen Mischpult-Anzeigen gesehen.«

Bedeutung : Stoß, Anregung, Einfall

in abstracto

Die Freundin: »Sag' mal, Alter, was willste eigentlich von mir?« – »Das sag' ich dir besser nur *in abstracto.*«

Bedeutung: im Losgemachten, im Weggezogenen (von der Wirklichkeit)

in effectu

Im Cafe: »Was soll heut' noch outfit? Image bringt *in effectu* doch nur kurzfristig was.«

Bedeutung: in der Wirkung, im Endeffekt

in facto

In der Boutique: »Ich hab' mir letzte Woche hier ein süßes Kleidchen gekauft.« – »*In facto*?«

Bedeutung: echt?

in abstracto

in persona

Beim Abschied: »Grüß' deinen beknackten Ollen.« – »Ach, das sag' ihm doch lieber *in persona*.«

Bedeutung: persönlich

in praxi

Beim Golf: »Du, ich hab' neuerdings, wenn ich vorm Loch stehe, immer solche Zahnschmerzen.« – »Willst du mich vorm Schlag verrückt machen? Ab vier bin ich wieder *in praxi*.«

Bedeutung: in der Praxis

in toto

Am Tresen: »Walter, laß' hier ma' bei uns die Luft raus – *in toto*!«

Bedeutung : (alles) in allem

integer

Beim Poker: »Gibst du mir noch'n Blauen Kredit?« – »Na gut. Auf der *integer*-Skala stehst du ja ganz oben bei mir.«

Bedeutung : unberührt, unbescholten

L

latinus amans

Unter Freundinnen: »Bringt dich Larry mit seinem *Veni vidi vici* ›danach‹ nicht zur Verzweiflung?« – »So ist der *latinus amans* eben.«

Bedeutung: Latin Lover, Lateinliebhaber

liquet

Im Streit: »Du bist ein elender Opportunist – bei dir geht's immer nur laber laber *liquet*.«

Bedeutung: es ist klar, erwiesen

logicus

Im Streit, zweite Runde: »Ich weiß genau, was du jetzt sagen willst!« – »Ach, der kleine *logicus* schlägt wieder zu.«

ludus

Beim Wind-Surfin' : »Fahren Sie heuer auch nach Oberammergau?« - »Nein. Ich bin kein Freund von Lied und *ludus*.«

Bedeutung: (Fest-)Spiel

latinus amans

M

maximum

Sylt im Februar: »Sind Sie da eben etwa im Wasser gewesen – das ist doch saukalt!« – »Nö, wat denn, dat *maximum* ham wir doch längs' hinter uns.«

minimalis

Unter Freundinnen: »Larry ist immer so animalisch.« – »Und Oskar ist immer so *minimalis.*«

minimum

An der Bar: »Na, noch'n kleiner Cocktail?« – »Aber bitte nur das *minimum.*«

mobilis

In der Therapiegruppe: »Irgendwie fehlt mir der richtige Kick, um mich *mobilis* zu fühlen.«

Bedeutung : beweglich

monitum

Am Reklamationsschalter: »So, jetzt paßt Ihnen das Sacco also plötzlich nicht mehr?« – »Wollen Sie sich das *monitum* von einem Ertrinkenden anhören?«

Bedeutung : Angemahntes, Erinnertes

monodrama

Im Treppenhaus: »Na Frau Schultz, gestern Streit mit Ihrem werten Herrn Gemahl gehabt?« – »Daß ich nicht lache – das war ein erstklassiges *monodrama.*«

Bedeutung: Einmannshow

moratorium

Zu Hause: »Bist du mit deinen Schulaufgaben fertig?« – »Ich erbitte ein kleines *moratorium*, bis der Fernsehfilm zu Ende ist.«

Bedeutung: Aufschub

movens

Vor Gericht: »Was veranlaßte Sie, den Kläger erst mit Bier und Senf zu beflecken und ihn zu beschimpfen?« – »Wenn ich das nur wüßte! Das *movens* ist mir selbst am meisten schleierhaft.«

Bedeutung: Beweggrund

N

negatio

Beim Wandern: »Wollen wir zum Eisessen einkehren, Dr. Schnitzer?« – »Da laß ich mich zu keiner *negatio* hinreißen, Dr. Schneider.«

Bedeutung: Verneinung

negativum

In der Schule: »Heut' ist die sechste Stunde frei. Und nun das *negativum*: Ihr kriegt mehr Hausaufgaben.«

normalis

Nach dem Arztbesuch: »Hat der Check was gebracht?« – »Nee, alles *normalis*.«

novum

In der Kantine: »Sagt mal: Kennt ihr den?« – »Momentchen: Ist das auch wirklich ein *novum*?«

Bedeutung: Neuheit

O

ondulitis

Im Bad: »Brauchst du den Fön?« – »Bist du verrückt? Doch nich' mit dem Arsch in der Wanne – ich will mir doch keine *ondulitis* holen.«

Bedeutung: gewelltes Haar

opinio communis

Bei der Vereinsversammlung: »Zier' dich nich' , Kurt, stimm' mit dem Vorstandsvorschlag.« – »Aber nur, weil das *opinio communis* is'.«

Bedeutung: allg. Meinung

homo ondulitis

P

passivus

Im Turnunterricht: »Herr Lehrer: Immer wenn ich über'n Bock grätschen will, verweigert sich das Ding!« – »Nun tu' mal bloß nich' so auf *passivus*, Christian.«

Bedeutung : der Leidende

principaliter

Bei der Vernissage: »Is' das ein wildes Geschmier!« – »Jaja. Ich hab' mich auch *principaliter* vom Nicht-Gegenständlichen entfremdet.«

Bedeutung: vor allem, grundsätzlich

privatissimum

Zu Hause: »Ich muß dir ein Geständnis machen, Gerd...« – »Aber bitte kein *privatissimum*.«

per definitionem

Im Amt: »Sagen Sie mal: Halten Sie mich eigentlich für einen Trottel mit Ihren merkwürdigen Anträgen?« – »Das kann wohl jeder selbst *per definitionem* schlußfolgern.«

Bedeutung: erklärtermaßen

Q

quotus

Im Büro: »Wie ist denn der Neue bloß so schnell Chefsekretär geworden, Christa?« – »Das ist doch ein ganz typischer *quotus*, der Bengel – und da heißt es Gleichberechtigung.«

R

realiter

Vor dem Kino: »Meine Güte, hat mich der Film aufgewühlt.« – »Manchmal übertreibst du aber, Fred, *realiter* bleibt doch da nix von nach, Alter.«

Bedeutung: in Wirklichkeit

receptionis mater

An der Haustür: »Tach, Bianca. Is' Herbie da?« – »Hältst mich für die *receptionis mater*, oder was?«

Bedeutung : Mutter der Aufnahme

rene collo collosalis

Neulich bei der Musical-Audition: »Guter Mann. Bei uns ist alles Singen für die Katz – wenn Sie auf *rene collo collosalis* machen wollen, bewerben Sie sich beim ›Phantom der Oper‹.«

resignans

Nach der Führerscheinprüfung: »Mist, wieder durchgefallen!« – »Laß' doch nicht gleich den Kopf hängen, Georg – wenn du auf *resignans* machst, wirst du nie ein großer Lenker.«

Bedeutung: Zurückgebender, Befreiender, Verzichtender

S

scandalum

In der Herrenunterwäscheabteilung des Kaufhauses: »Sag' mal, Schatz, warum müssen wir uns eigentlich immer hier treffen?« – »Pamela, ich hab's doch schon hundertmal gesagt, dies ist der einzige Ort, an den meine Frau garantiert nur unmittelbar vor meinem Geburtstag und vor Weihnachten kommt – und ich kann mir einfach kein *scandalum* leisten.«

simpliciter

Am Treffpunkt: »Oooch, warum kommst du denn jetzt nicht mit ins Kino, du Spielverderber?« – »*Simpliciter* gesagt: Ich hab' kein' Bock.«

Bedeutung: einfach, ehrlich, schlechthin

substractum

In der Kneipe: »Laß mal das Geld stecken – ich zahl'!« – »Zu großzügig – du hast sowieso Schulden bei mir!« – »Na, dann mach' ich davon ein *substractum*.«

successive

Auf der Bank: »Ihr Dispositionskredit ist weidlich erschöpft.« – »Können wir den nicht *successive* aufstocken?«

Bedeutung : nach und nach

suppositum

Bei Tisch: »Du hast doch bestimmt noch vom Rotkohl?« – »Ist das wieder versteckte Kritik an meiner Vorratsküche oder wie kommst du zu diesem *suppositum*?«

Bedeutung: Annahme, Unterstellung

T

tabula rasa turbo

An der Straße: »Heißer neuer Schlitten! Hast ihn mit Kat gekauft?« – »Pipifax. Der hier macht *tabula rasa turbo* vor und hinter dir, so gut kannste mit keinem Schlitten die Platte freiputzen.«

Bedeutung : tabula rasa = reiner Tisch

totaliter

Am Telefon: »Herzlichen Glückwunsch – Sie haben eine Heizdecke und ein Wochenende in Bad Harzburg gewonnen. Was sagen Sie nun?« – »Da bin ich *totaliter* saturiert.«

Bedeutung: völlig, ganz

U

urbi et gorbi

Am Stammtisch: »Ich sach euch: die Gefahr des Kommunismus is' noch lange nicht besiegt.« – »Oh weh, es folgt wieder Heinzens *urbi et gorbi*!«

V

veni vidi rambo

Vor dem Sozialamt: »Echt, die hocken auf der Kohle, als wenn's ihre eigene wäre – von denen kriegste keine müde Mark, wennste nich' gleich *veni vidi rambo* zu denen ins Zimmer stürmst.«

virtualiter

Im Büro: »Ach Fräulein Neubaum, könnten Sie ganz *virtualiter* und natürlich ausnahmsweise erwägen, uns Herren mal einen Kaffee zu kochen?«

Bedeutung: nach Möglichkeit

virus

Im Park: »Ich spiel jetzt auch jedes Wochenende Boules – wenn man einmal angefangen hat, ist es ein richtiges *virus.*« – »Verrückt geworden? Es gibt doch Verhütungsmittel!«

Bedeutung : Schleim, Gift, (auch:) salziger Geschmack Gestank

voluptuosus

In der Boutique: »Fuck off, is' das T-Shirt scharf! Spitz, Alter! Einfach affentittengeil!« – »Naja, ich find' es eher zu sehr *voluptuosus.*«

Bedeutung: geil

votum

Auf der Parkbank: »Liebst du mich?« – »Dazu möchte ich mein *votum* erst später abgeben.«

Bedeutung: Gelübde

Neon Latinum

Das Neon-Latein

Für den angesagten Juppi, den *juvenilis urbanus pro plebejus imitationes*

A

a priori

Die Verabredung: »Hast du heut abend Bock auf Kino?« – »Das kann ich so *a priori* nicht sagen.«

Bedeutung: von vornherein

activum

Am Sonntag: »Kommste mit zum Joggen?« – »Ne danke, ich kann heute so gar kein *activum* aufbringen.«

Bedeutung: Tätiges, Praktisches

ad usum Delphini

Am Bahnhofskiosk: »Ich möcht' was Knackiges für die Reise – also kommen Sie mir nicht mit irgendwelchen Heftchen *ad usum Delphini*!«

Bedeutung: von anstößigen Stellen gereinigte Buch-Ausgabe

allergicus

In der Diskothek: »Mensch Heinz, was hast du denn für hektische Flecken inne Visage?« – »Sach' jetzt nix, Olli, aber mich hat so 'ne Tussi eben innen *allergicus* getreten.«

animalis

Montagmorgen: »Hab' ich wieder 'nen Kater.« – »War's weekend so *animalis*?«

Bedeutung : luftig, lebendig, tierisch

animativus

Im Büro: »Was hängt denn Müller schon wieder in den Seilen?« – »Ach, der braucht nich' nur im club med 'nen *animativus*.«

apostat

Zu Hause: »Welcher Idiot hat denn den Video-Recorder schon wieder umgetimet? Ich glaub', ich krieg' 'nen *apostat*!«

Bedeutung: Abfall (vom chr. Glauben)

applicatum

Im Restaurant: »Wie hätten Sie das Steak gern?« – »Na, so eben mit ein bißchen *applicatum* nett drumherum.«

Bedeutung: Beigabe

ars paupera

Neulich bei der Vernissage: »Das sollen die Jungen Wilden sein? Sieht mir eher nach *ars paupera* aus.«

Bedeutung: armselige Kunst

aversio

In der Boutique: »Ist der Pullover aus reiner Schurwolle – ich hab' gegen alle Mischungen so eine *aversio*.«

Bedeutung: Abneigung

B

boris superbum

Auf dem Tennisplatz: »Schwach, Dr. Riebesehl, den hätten Sie aber haben müssen!« – »Bin ich *boris superbum*, oder was?«

C

cogito

Im Arbeitsamt: »Was trägste denn hier innen den Kragen hochgeschlagen und 'ne Sonnenbrille, Erwin?« – »Wie haste mich erkannt? Bin doch in *cogito* hier, wa.«

Bedeutung: ich denke

homo compactus discus

compactus discus

Auf der Straße: »Ich hab' mir jetzt den neuesten Schrei geholt: CD.« – »Is' doch alt wie Methusalem: *compactus discus*, wie schon die alten Römer sagten!«

Bedeutung : gedrungene (untersetzte) Scheibe (Platte)

conveni

An der Bar: »Horst hat sich gleich häuslich bei Barbara niedergelassen.« – »Seine alte Masche: vidi, *conveni*, vici.«

Bedeutung: ich einigte mich (mit...)

cumulatio

Vor dem Kino: »Is' hier heut Premiere, oder wo kommt die Schlange an der Kasse her?« – »Du, das is' an Wochenenden gar keine untypische *cumulatio*.«

Bedeutung: Anballung

D

de profundis

Am Strand: »Die Badebedingungen sind heut' sehr gut.« – »Woher wollen Sie das denn wissen, Sie tauchen doch immer ab.« – »Eben – *de profundis*.«

Bedeutung: aus der Tiefe

degressivus

Im Büro: »Sprich bloß' nich' mit Walter, der is' heut der absolute *degressivus*.«

Bedeutung: einer auf dem absteigenden Ast

delectabile

Auf der Party: »Hmmm, das Zeugs hier schmeckt ja *delectabile* – selbstgemacht?«

Bedeutung : delikatös, mordsmäßig

descendentum

Bei der Vorstellung: »Möller? Möller? Verwandt mit Möller & Möller, Inkasso?« – »Ein *descendentum* irgendwie schon, gewiß – aber knapp bei Kasso definitiv.«

Bedeutung: Abkömmling

desideratum

Vorm Kino: »Ich hab den Film jetzt schon dreimal gesehn – das reinste *desideratum*.«

Bedeutung: Ersehntes, Schmachtsache

digito

Auf der Straße: »Oh, guck' ma' – da drüben geht Larry.« – »Nun fuchtel' doch nich' immer so *digito* rum – is' ja schweinspeinlich.«

Bedeutung: mit dem Finger

discursus

Die Talkshow im Freizeithaus: »Bei Ihnen kommt man ja überhaupt nicht ausführlich zu Wort!« – »Is' ja auch 'ne Unterhaltung und kein *discursus*.«

Bedeutung: Gespräch

E

eloquens

Im Büro: »Da fällt mir was ein, was ich schon länger loswerden wollte.« – »Wohl etwas zu *eloquens* heute.«

Bedeutung: ausdrucksgewandt

ergo

Im Café: »Wie machst du das bloß mit deinem Selbstbewußtsein?« – »Kein Thema, Alter – du mußt nur dein *ergo* pflegen.«

Bedeutung: also

espirando

Auf der Reise: »Kannste eigentlich Englisch?« – »Nö.« – »Französisch?« – »Nö.« – »Spanisch?« – »Auch nich'. Aber ich will nächstes Jahr *espirando* lernen.«

Bedeutung: aus-, verhauchend (Mus.); ausatmen

eventualiter

In der Kneipe: »Sie sagen Arschloch zu mir? Würden Sie das *eventualiter* zurücknehmen?«

Bedeutung: möglicherweise

ex post (facto)

Vor Gericht: »Hat Ihnen Ihr Vermieter denn nicht auch geschrieben, daß Sie mit den Zahlungen in Verzug sind?« – »Ganz bestimmt nicht. Ich hab' das erst *ex post facto* erfahren.«

Bedeutung: im Nachhinein

exorbitans

Beim Dorffest: »Warst du in der Kirchen-Zeltdisco?« – »Aus solchem *exorbi-Tanz*-Ereignis mach' ich mir nix.«

Bedeutung: abweichend

I

in optima forma

Bei Vertragsabschluß: »Gratuliere, besser konnte es ja nicht für Sie gehen.« – »Naja, für euch is' das aber auch *in optima forma* gelaufen.«

Bedeutung: in Bestform

homo integralis

integralis

Die Probefahrt: »Ich weiß gar nicht, wieso Sie die Gänge derart reinhaun?« – »Naja, die Schaltung is' doch wohl nich' *integralis* oder servo oder so, wie?«

intentio solaris

Am Baggersee: »Du bist ja schon haselbraun. Sonnenbank?« – »Nö, aber *intentio solaris* pur.«

Bedeutung: Sonneneifer

L

lambada

Im Café: »Sag' mal, was hältst du als alter Römer von *lambada*, Marcus?« – »Kenn' ich nich': hat der ein bedeutendes Werk geschrieben, oder ist der in der Bundesliga?«

M

mores

In der Volkshochschule: »Na, wie gefällt Ihnen unser Kursangebot?« – »Oberkacke, alles kann man hier lernen tun, aber mit meine *mores* hapert's mir immer noch.«

Bedeutung: Benimm, Anstand

mutabilis

Beim Arzt: »Ganz schönen Rundrücken haben Sie?« – »Und? Is' das *mutabilis*?«

Bedeutung: änderbar

N

neutrum

Montagmorgen: »Auf der Party bei Hans war ja vielleicht was los – am Schluß wußte ich gar nicht mehr, was Männlein und was Weiblein war.« – »Betrachte es doch nachträglich als Lehrstück für ein *neutrum* mit zuviel Durst.«

nimbus

Auf der Sparkasse: »Seh' ich aus, als würde ich die geliehenen fünf Riesen nich' bis Bingo zurückbringen?« – »Nun wuchern Sie aber nicht zu sehr mit Ihrem *nimbus*.«

Bedeutung: Heiligenschein; (Regen-)wolke

nobilis

Im Café: »Ich nehm' Tee mit Zitrone und braunem Zucker.« – »Sehr wohl. Darf ich das schnöde Wasser dazu leicht anwärmen, so ganz *nobilis*?«

Bedeutung: adelig

nomen proprium

In der Redaktion: »Unser neuer Zeitschriften-Name muß ein Inbegriff für den Journalismus sein. Ich schlage daher den Namen unseres hochverehrten Herrn Verlegers als *nomen proprium* vor – ›Krause‹.«

Bedeutung: Eigenname (als Gattungsbegriff), passender Name

O

omnipraesens

Im Einzelhandelsfachgeschäft: »Wissen die Herrschaften denn wenigstens schon im groben, was für eine Art Geschenk es denn sein soll?« – »Nö. So halt einfach ein *omnipraesens*.«

Bedeutung: allgegenwärtig

opportunis

Im Büro: »Wenn ich Sie seh', fällt mir immer nur ein Wort ein: *opportunis*.« – »Ist doch schon längst vergessen. Da war ich doch schon im letzten Winter zum Baden.«

P

praepotens

Im Bett: »Is' es bei dir das erste Mal oder wieso klappt es nicht?« – »Ich? Jungfrau? Bin doch in den besten Jahren und hab' noch sowas von *praepotenz* als wär's das erste Mal.«

Bedeutung: überlegen, sehr mächtig, sehr reich

praeurbanus

In der scene: »Ich find' die Kapitänsjacke im Ensemble mit der weißen Bundfaltenhose einfach schräg.« – »Ich weiß nich' – is' der look nicht ziemlich *praeurbanus*?«

Bedeutung: vorstädtisch

pro nihilo

Unter Freunden: »Ich bin dir ja so dankbar für deine Hilfe – was bekommst du dafür?« – »Schweig, Schnöde – das ist natürlich *pro nihilo.*«

Bedeutung: für nichts!

pro primo

In der Schule: »Ihr ahnt bestimmt, wie die Klassenarbeit mal wieder ausgefallen ist...« – »Bestimmt doch wieder *pro primo.*«

Bedeutung: für den Ersten, für's erste

Q

quidam

Im Juweliergeschäft: »Werden Sie bereits bedient?« – »Keine Ahnung. Irgendein *quidam* ist ins Lager hinabgestiegen und hat seine Nase seither nich' wieder sehn lassen.«

Bedeutung: ein gewisser Jemand

R

recenter paratum

Im Antikladen: »Und das Möbel soll Biedermeier sein? Sieht eher nach frühem Ikea aus.« – »Nicht doch! Natürlich ist das Schreiner-Opus *recenter paratum*, das macht das Äußere so zeitlos.«

Bedeutung: frisch bereitet

S

spectaculum

Zu Hause: »Oh Schreck – dies Jahr is' dein Vierzigster!« – »Zu meinem Geburtstag bitt' ich mir kein' s*pectaculum* aus.«

summa summarum summarissimum

Nach dem Vortrag: »Das war wirklich ein interessantes Referat – aber können Sie mir *summa summarum summarissimum* mal sagen, was eigentlich Ihre These ist?«

summarium

Im Büro: »Chef, Ihre geschiedene Frau hat geschrieben.« – »Die hat mich Kopfmensch ja nie verstanden. Geben Sie mal ein *summarium.*«

Bedeutung: Inbegriff, Inhaltsangabe

superior

Im Garten: »Ich hab' die Hecken auf Hüfthöhe zurückgeschnitten. Wie findste das?« – »Einfach *superior.*«

Bedeutung: überlegen

T

tango

In der Westkurve: »Larry, hier braucht einer 'nen Tanzpartner – er sagt, hier geht gleich der *tango* ab.«

Bedeutung : ich berühre

totalis

Nach der Reise: »Hast du viel gesehen?« – »Das will ich meinen: Die Erlebnisse waren sowas von *totalis.*«

U

unisexus

Im Bus: »Na Kleiner, willst du nicht für die Dame da aufstehn?« – »Nee. Die Beförderungsbedingungen im öffentlichen Nahverkehr sind *unisexus* auszulegen.«

Bedeutung: eingeschlechtlich

universalis

In der Schule: »Was ist dir noch präsent aus dem Goldenen Zeitalter, Hans-Robert?« – »Nun, da muß ich wegen der Fülle des Stoffes wohl *universalis* antworten – nichts.«

Bedeutung : allgemein

V

vulgaris

In der Diskothek: »Irre, was Kevin für'n Tanzstil hat – eine Mischung aus Basketballdribbeln und Eisschlecken.« – »Ich find' diesen Froschgang einfach *vulgaris.*«

Bedeutung: gewöhnlich

Latinum rhetoricum

Das Fein-Latein

Für den gepflegten, stets unaufgeregt geschmackvollen Tisch-, Gast-, Lob- oder sonstigen Redner, den *orator generalis*

A

absentia

In der Schule: »Ich finde es ja schön, Hermann, daß du überhaupt noch zum Unterricht erscheinst – aber du folgst meinen Ausführungen anscheinen mit einer gewissen *absentia*!«

Bedeutung : Abwesenheit

ad honorem

Auf der Straße: »Wohin denn so eilig?« – »*Ad honorem*! Halten Sie mich bloß nicht auf!«

Bedeutung: zu Ehren

ad nomen

Im Restaurant: »Wollen Sie so gut sein, mir eine Quittung auszufüllen!« – »Gern, der Herr – *ad nomen* oder pro Firma?«

Bedeutung : auf den Namen

ad rem

Neulich im Schrebergartenverein: »Was ich dir schon immer sagen wollte, Hermann.....« – »Mein Gott, Paul! Komm' doch *ad rem*!«

Bedeutung: zur Sache

aerophobus

Der Neue im Büro: »Alles bißchen muffig hier, wie? Sind die Kollegen *aerophobus*?«

Bedeutung: ängstlich vor frischer Luft

anno currente

Beim Diaabend: »Waren Sie denn heuer überhaupt schon unterwegs?« – »Nein. Wir wollten *anno currente* mal pausieren.«

Bedeutung: in diesem Jahr, diesjährig

aperitivum

aperitivum

Auf der Party: »Darf ich Ihnen noch ein Gläschen reichen?« – »Danke. Zu einem *aperitivum* sag' ich niemals nein.«

Bedeutung: mildes Abführmittel, wörtl.: das Öffnende

argumentum e contrario

Bei der Diskussionsveranstaltung: »Also dazu möchte ich aber auch mal was sagen!« – »Dann passen Sie aber gut auf, daß das kein *argumentum e contrario* wird.«

Bedeutung: Schlußfolgerung aus dem Gegenteil

B

biformis

Am FKK-Strand: »Von wegen Spanner! Ich bin Künstler. Mein Fachgebiet sind *biformis* gestaltete Objekte.«

Bedeutung: doppelgestaltig

bilinguis

Am lauschigen Abend: »Bist du eigentlich *bilinguis*?« – »Aber Heidemarie – würd' ick mir denn so an dir ranschmeißen.«

binaural

Beim Streit: »Manchmal kann ich dir einfach nicht folgen!« – »Unverständlich. Du siehst doch *binaural* aus.«

Bedeutung: beidohrig

binocular

Am Grabrand: »Und ich hab' ihn noch gewarnt! Du rennst *binocular* in dein Unglück, hab' ich gesagt – aber er wußte ja alles besser.«

Bedeutung: beidäugig

bipolar

In der Küche: »Else, dein Kühlschrank taut schon wieder ab! Der scheint irgendwie *bipolar* zu sein.«

Bedeutung: zweipolig

brevi manu

Beim Arzt: »Soll ich Ihnen was Orales verschreiben oder...« – »Nee, da wink' ich gleich *brevi manu* ab, ich hab' schon genug zu schlucken.«

Bedeutung: kurzerhand, von vornherein

C

captatio benevolentiae

Im Audimax: »...danke ich ihnen für Ihre Aufmerksamkeit.« – »Spinner. Diese *captatio benevolentiae* hätte er sich nach seinem Schmus nun wirklich sparen können.«

Bedeutung: Werbung um die Publikumsgunst mit Redewendungen

centrifugalis

Vor dem Vorstellungsgespräch: »Wie seh' ich denn heute morgen aus? Wie ein Schleuderei. So kann ich den Job gleich vergessen.« – »Erzähl' denen doch, du hättest eine vita *centrifugalis.*«

compensationes

Unter Freunden: »Nun tu' mir doch den Gefallen – eine Hand wäscht die andere.« – »Komm' mir nich' mit *compensationes* – damit wär' ich mit meinem Latein bald am Ende.«

Bedeutung: Aufrechnungen

compilatum

Im Büro: »Frau Gerdes, machen Sie mir mal dringendst eine Aufstellung aller meiner Spesen diesen Monat.« – »Soll das *compilatum* curiosum heute noch fertig werden?«

Bedeutung: Geraubtes, Zusammengerafftes, Zusammenstellung

complementum

Beim Kaffeetrinken: »Gnä' Frau, mit dem Kuchen haben Sie sich selbst übertroffen *complementum*!«

Bedeutung : Anhang (in den Anhängen barocker Moralbücher wurden Takt und Ton abgehandelt – daher die heutige Bedeutung, die erheblich verloren hat)

con gracia

Im Kaufhaus: »Steh' doch nicht wie ein Dussel vor den Regalen herum – du siehst aus wie der Elefant im Porzellanladen.« – »Das macht nur der Kontrast zu dir – wie du dich so *con gracia* zwischen den Geschirrhandtüchern und den Grillgabeln bewegst, ist schon elefantös.«

Bedeutung: anmutig

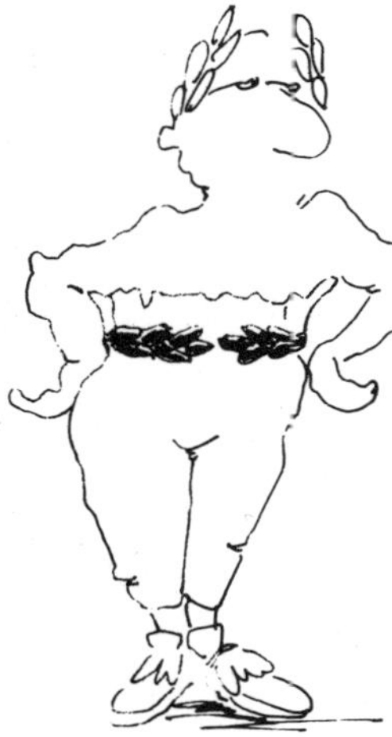

homo compensationes

coppola francis compendium

Nach dem Kino: »Ich hab' den Film echt nicht verstanden.« – »Du bist vielleicht doof. Dir fehlt auch jedes *coppola francis compendium*!«

covarians

Der Junggeselle: »Sie glauben gar nicht, was ich aus Dosen alles so kochen kann. Ich bin Spezialist für *covarians.*«

Bedeutung: abhängige Veränderliche (Größe), Abhängigkeit (v.stat.Gr.)

credo ut intelligam

Am Stammtisch: »Du siehst gar kein Fernsehen? Das würd' ich blöd werden, glaub' ich.« – »Im Gegenteil. Das ist jedenfalls mein *credo ut intelligam.*« – »Versteh' schon: Du liest auch mal.«

Bedeutung: ich glaube, damit ich erkenne

cura posterior

In der Schule: »Franz, komm' mal sofort an die Tafel!« – »Echt? Aber nur, wenn das keine *cura posterior* is'.«

Bedeutung: Angelegenheit, mit der man sich später befaßt

D

demonstrator

In der Talkshow: »Sie kommen aus der Frankfurter Autonomen-Szene – haben Sie eigentlich einen Beruf gelernt?« – »Selbstverständlich. *Demonstrator.*«

Bedeutung: Vorführer

dictio

Der Rezensent: »So ist es mit der postmodernen Literatur: die *dictio* ist dünn und riecht wie Urin nach einem Spargel-Essen.«

Bedeutung : Redeweise

dissolventia

In der Kneipe: »Herbert, schreib' auf'n Deckel – ich hab' augenblicklich eine kleine *dissolventia.*«

Bedeutung: Zahlungsengpaß

E

ex tempore

In der Redaktion: »Flotte Schreibe hat der Neue – wo kommt der her?« – »Der? *Ex tempore.*«

Bedeutung: aus dem Stegreif

ex usu

Am Tresen: »Einen Toast auf die Griechen!« – »Die konnten sich nicht riechen. Ich sach' nur: *usu* – *ex*!«

Bedeutung: nach Gebrauch, vorteilhaft, nützlich

examinator

Am Monatsende: »Weißtu eigentlich, wieviel Haushaltsgeld du diesen Monat ausgegeben hast?« – »Willst du dich hier als *examinator* profilieren?«

Bedeutung: Prüfer

examinatorium

Zu Hause: »Nanu, Wolfgang – du lernst freiwillig?« – »Stör' mich nich' mit deinen unsachlichen Kommentaren. Ich bin mitten im *examinatorium.*«

Bedeutung: Prüfungsvorbereitung

excursus

Beim geselligen Beisammensein: »Dazu fällt mir noch Folgendes ein!« – »Ach, Eberhard, nun nerv' doch unsere Gäste nich' mit deinem *excursus.*«

Bedeutung : Ausfall, Ausfluß

exempli causa

Beim Rendezvous: »Ehrlich, daß ich mal 'ne Schachmeisterschaft gewonnen hab' , wollt' ich nicht *exempli causa* erwähnt haben, weil ich sehr gut auf das Insspielkommen der Dame warten kann.«

Bedeutung: beispielshalber

expeditum

Am Tisch: »Sind die Herrschaften fertig – kann ich abräumen?« – »Logo, expedieren Sie dies *expeditum*, nech.«

Bedeutung : das Bequeme, das Sichere

expositum

In der Küche: »Wenn du nicht bald mal die Pfanne schrubbst, kannst du daraus ein *expositum* für die documenta machen.«

Bedeutung : Ausstellungsstück

extra ordinem

Am Telefon: »Kann ich von Herrn Doktor nicht *extra ordinem* drangenommen werden – ich pfeif' aussem letzten Loch, daß mir die Hunde schon nachlaufen.«

Bedeutung: außerhalb der Reihe

F

fragmentum

In der Schule: »Das war nur die erste Strophe, Klausi – weit bist du mit dem Gedicht – Auswendiglernen aber nicht gekommen.« – »Ich bin der Meinung, daß auch ein *fragmentum* dichterischen Reiz entfaltet.«

G

genesis

Die Reportage: »Wie sind Sie denn dazu gekommen, die Titanic 1:50 aus Sektkorken nachzubauen?« – »Mein Gott, wenn ich Ihnen da die ganze *genesis* erzähle, erscheint die nächste Ausgabe ohne Sie.«

Bedeutung: Schöpfung, Werden, Entstehen, Ursprung

genitivus

Im Studentenwohnheim: »Hast du dir mein Sweat-Shirt genommen, Marlene?« – »Sprichst du etwa mit mir im *genitivus*?«

Bedeutung: Wes-Fall, wörtl.: angeboren, ursprünglich

H

hoc loco

Beim Besuch: »Ist eigentlich Ihr Gatte nicht daheim? Ich hab' ihn noch gar nicht gesehn.« – »Doch, doch. *Hoc loco.*«

Bedeutung: an diesem Ort

honoris causa

Unter Freundinnen: »Ist Christian jetzt dein Neuer?« – »Meinst du, ich führ' den *honoris causa* am Arm durch die Gemeinde?«

Bedeutung: ehrenhalber

humoristicum

Beim Notar: »Das ist der letzte Wille des Verstorbenen.« – »Echt? Klingt eher nach einem *humoristicum*.«

Bedeutung: drollige Einfälle

I

implicatum

In der Buchhandlung: »Hier haben Sie Ihren tollen Tip zurück – so einen Mist hab' ich lange nicht gelesen.« – »Vielleicht haben Sie bloß das *implicatum* nicht zu schätzen gewußt.«

Bedeutung: das Verwickelte

importans

Zu Hause: »Kannst du mir sagen, wie ich die dritte Wurzel aus Irgendwas ziehe, Mom?« – »Frag' Hans, der fühlt sich doch immer so *importans*.«

Bedeutung: wichtig

in brevi

Beim Abteilungsleiter: »Machen Sie's kurz, Krause.« – »Sie haben's so gewollt. Also *in brevi*: Sie sind ein Trottel.«

Bedeutung: in Kürze, kurz und bündig, in wenigen Worten

in concreto

Im Parlament: »Sie haben keinerlei Vorstellungskraft, Herr Kanzler!« – »Das müssen Sie mir erstmal *in concreto* nachweisen.«

Bedeutung: im Entstandenen, im Erstarrten, einzelfallbezogen

in memoriam

Nach der Schule: »Mit dem Zeugnis trau' ich mich kaum nach Hause – das klingt alles so deprimierend nach *in memoriam.*«

instructor

Unter Backfischen: »Wow, Gitti, wer war denn der süße Typ im Treppenhaus?« – »Tja, das rätst du nie – mein persönlicher *instructor*!« – »Dafür bistu viel zu jung!«

Bedeutung: Ordner, Nachhilfelehrer

intentio

Im Büro: »Ich geh' mal eben für Elefanten, Kinderchen. Paßt mir so lang auf meinen Schreibtisch auf.« – »Kannst du nich' deine *intentio* nächstens für dich behalten, Rüdiger?«

Bedeutung: Absicht

internum

Bei der Verkaufsveranstaltung: »Ich werde Ihnen das Geheimnis unseres Erfolges verraten...« – »Tun Sie's nich' – wir sind an keinem *internum* interessiert.«

Bedeutung : das Innere, das Einheimische

invitatus

Auf der Party: »Verzeihung – aber wer sind Sie eigentlich?« – »Spielt keine Rolle. Ich bin der *invitatus.*«

Bedeutung: eingeladen

M

manu propria

Unter Anglern: »Du hast einen Zehnpfünder einfach so' rausgeholt?« – »Glaubst du, das is' Angler-Latein? Nein, einfach so *manu propria* ging das.«

Bedeutung: eigenhändig

mirabile dictu

Bei der Betriebsprüfung: »Nach unseren Berechnungen müßten Sie fünfzigtausend Mark mehr verdient haben!« – »Ich bitte Sie! Das sind doch reine *mirabile dictu.*«

Bedeutung: kaum zu glauben

mixtum compositum

An der Bar: »Noch'n Wunsch, noch'n Punsch?« – »Iiih ne. Machen Sie mir lieber noch so'n *mixtum compositum* mit lustigen Farben, hick.«

Bedeutung: Durcheinander

monolingual

Neulich an der Costa Brava: »Ich muß Ihnen gestehn, ich bin *monolingual.*« – »Das tut mir aber leid – wie lange haben Sie das denn schon?«

Bedeutung: einsprachig

mortuarium

Nach der house-warming-party: »Gesine und Harald haben ihren Stil scheint's noch nicht so recht gefunden.« – »Stimmt. Sah alles eher nach einem gepflegten *mortuarium* aus.«

Bedeutung: Bestattungsort

nudis verbis

N

nudis verbis

Am Strand: »Manche Weiber sollten wirklich mehr anziehen!« – »Manchen Mackern stünden *nudis verbis* nicht schlecht.«

Bedeutung: mit dürren Worten

O

opus eximium

Zu Hause: »Warum hat sich Laura eingeschlossen?« – »Um ihre Memoiren zu schreiben.« – »Mit siebzehn?« – »Es soll ein *opus eximium* werden.«

Bedeutung: außerordentliches Werk

oratio recta

Die Freundin: »Larry, du bist ein Arschloch!« – »Na, das war doch mal eine *oratio recta*.«

Bedeutung: direkte Rede

orator

Bei der Einweihung: »Liebe Gäste, ich bin außerordentlich erfreut, ankündigen zu dürfen, daß der Herr Ministerpräsident uns die unverhoffte Ehre zuteil werden läßt, aus gegebenem Anlaß unser diestägiger *orator* zu sein.«

Bedeutung: Redner

P

prodromus

Bei der Geburtstagsfeier: »Oh, hast du wieder die gute Auslese von Prodomo für uns gekocht?« – »Schluß mit dem dämlichen *prodromus* – her mit der Torte.«

Bedeutung: Vorrede, Eilbote

pro memoria

In der Schule: »Und denkt daran: Ihr sollt einen Besinnungsaufsatz schreiben und kein *pro memoria*.«

Bedeutung: Denkschrift

R

repositorium

Im Treppenhaus: »Was war denn das gestern nacht für ein Lärm! Bei Ihnen wackelt's wohl im Oberstübchen?« – »Ich muß doch sehr bitten! Mein *repositorium* ist unter der gesamten abendländischen Bildung überraschend zusammengebrochen.«

Bedeutung: Büchergestell; Tafelaufsatz

S

signum

Auf der Sparkasse: »Soll das Gekrakel etwa Ihre Unterschrift sein?« – »Mein *signum* ist doch eine Offenbarung.« – »Genau das hab' ich befürchtet.«

Bedeutung: verkürzte Unterschrift

spiritus rector

Vor dem Dorfgasthof: »War der stramme Max da eben an der Theke nicht euer Direx?« – »Ich würd' ihn eher unseren *spiritus rector* nennen.«

Bedeutung: treibende Kraft

homo signum

T

tertianus

Die Freundin: »Au, du piekst ja! Soll das mal ein Bart werden?« – »An *tertianus* wirst du dich wohl gewöhnen müssen.«

Bedeutung: der Dreitägige

Latinum insultum permanentum

Das Rüpel-Latein

Für den forschen und ständig zum Händel aufgelegten Allüberlegenen, den *homo omnipotens*

A

ablactatus

Neulich im Büro: »Da kommt der Chef mit seinem neuen Assistenten – ein richtiger adlatus.« – »Der? Das Bürschchen ist doch kaum *ablactatus!*«

Bedeutung: Der Muttermilch entwöhnt

C

crassus

Beim Streit: »Du bist ein ausgesprochener Volldepp.« – »Na na, ist das nicht ein wenig *crassus*?«

Bedeutung: fett, plump

D

devitalis

In der Diskothek: »Willst du mit mir tanzen?« – »Ne, du bist mir zu *devitalis* – das demotiviert mich.«

Bedeutung: ziemlich toter Typ

devotus

Im Büro: »Was sehen Sie mich so mit Dackelaugen an, Herr Walther?« – »Ich denke, Sie stehen auf *devotus*?«

Bedeutung: andächtig, ergeben

E

efflatus

Im Kino: »Is' der Film auch wirklich synchronisiert?« – »Aber ja, Paul, bis zum letzten *efflatus*.«

Bedeutung: Rülpser, wörtl.: Aufkommen eines Windes

effluvium

Im Fahrstuhl: »Sie haben aber ein apartes Parfüm.« – »Es freut mich, daß Sie die Natürlichkeit und Frische des *effluvium* zu schätzen wissen.«

Bedeutung: Ausdünstung, Ausfluß

F

flatus

Unter Männern: »Mit alleinerziehenden Müttern geh' ich nie wieder essen – erst wird dem dämlichen Balg inständig auf die Schultern gekloppt und dann durchs ganze Lokal gezirzt ›Nun mach' doch schon endlich schön *flatus*, Felix‹!«

Bedeutung: Furz

homo fossilis

fossilis

Am Geburtstag: »Ich hab' dir 'ne Platte mitgebracht – obwohl dein player nun wirklich *fossilis* is'.«

Bedeutung: ausgegraben, altertümlich

G

gnomologus

Die Trennung: »Larry, wenn ich so zu dir hinabsehe, denke ich: Lügen haben doch kurze Beine.« – »Du bist auch so ein richtig pickeliger *gnomologus*!«

I

inferior

Beim Arzt: »Na, wo drückt's denn?« – »Hier im Magen, Doc – ich fühl' mich so unheimlich *inferior*!«

Bedeutung: gering, minderwertig

insolens

Zu Hause: »Meine Güte, wer klingelt denn da so irre Sturm – das kann nur Schwiegervater, der *insolens*, sein!«

Bedeutung: anmaßend; rücksichtslos

interruptus

Bei der Diskussionsveranstaltung: »Dazu muß ich jetzt aber auch mal was sagen dürfen!« – »Bitte nein! Kann man dem comicus *interruptus* nicht mal das Wort verbieten.«

intima

Unter Freundinnen: »Die Viola hat vielleicht Holz vor der Hütten, das haut einen um – bei der möchte man nich' *intima* sein.«

Bedeutung: Busenfreundin

invectivum

Auf der Straße: »Aussem Wech, Oppa!!!« – »Junger Freund, wie darf ich das verstehen? Doch nicht etwa als *invectivum*?«

Bedeutung: Beleidigung

L

labium fissum

Im Streit: »Bei diesen Argumenten kann ich dir bloß noch 'ne lange Nase machen.« – »Das dürfte dir bei deinem *labium fissum* ja leicht fallen.«

Bedeutung: Hasenscharte

lalophobus

In der Kneipe: »Noch'n ... noch'n ... äähhh ... Pierschen ... noch'n.« – »Laß' ab, Helmut, du wirst doch schon *lalophobus*.«

Bedeutung: (Med.) Angst vorm Sprechen

M

mala fide

Auf dem Schulhof: »Da kommt Butscher mit seiner Gang. Bloß weg! Die sehn so *mala fide* drein!«

Bedeutung: unehrlich, hinterlistig

maledicax

Im Kreis der Lieben: »Mich Kröte zu nennen! Du alte Xanthippe!« – »Selber blödsinniger *maledicax*!«

Bedeutung: schmähsüchtig

mente captus

Die Beziehungskiste: »Kann das sein, daß du mich betrügst?« – »Werd' ich einen Mann, der erkennbar an *mente captus* laboriert, im Stich lassen?«

Bedeutung: nicht bei Verstand, begriffsstutzig

mordens

In der Diskothek: »Guck' ma'! Die Schnalle da sieht aus wie ihre eigene Mutti, hihi!« – »Na, Rudi, heute wieder zuviel *mordens* ins Müsli gelöffelt?«

Bedeutung: Ätzmittel

moria

Unter Freundinnen: »Mit Moni kannste Pferde stehlen.« – »Stimmt, die is' sich für keine *moria* zu schade.«

Bedeutung: Narrheit

mortificator

In der Parteischule: »Seien Sie rhetorisch angriffslustig, aber nie tödliche Sabbel-Schläge austeilen – sonst wird Sie der Gegner bald in seiner öffentliche Rede als Magermilch-*mortificator* brandmarken.«

Bedeutung : Abtöter

N

nuntiator

Auge in Auge: »Wie hast du Arsch mich gegenüber deinen Freunden eben genannt?« – »Nichts, was du verstehen könntest – *nuntiator*.«

Bedeutung: Beleidiger, Verkünder, Überbringer von Nachrichten

P

peiorative

Auf der Parkbank: »Du bist ein kühler Typ.« – »Das hast du nett gesagt, Sibylle – oder meinst du es *peiorative*?«

Bedeutung: abwertend

R

repellens

Im Clubhaus: »Was? Du gehst, wenn ich gerade komme!« – »Gerade noch rechtzeitig! Dir geht so ein unbändiger *repellens* voraus.«

Bedeutung: abstoßend

S

sedimentum

Im Büro: »Wieso haben Sie Neumann den Auftrag gegeben – halten Sie mich für zu alt für sowas?« – »Egbert, wir wollen Ihr *sedimentum* im Kopf doch nicht unnötig aufwühlen!«

Bedeutung: Ablagerung

senium

Beim neuen Geschäftspartner: »Und das ist mein Junior!« – »Ich bin der Rüdiger. Immer dasselbe bei der Vorstellung – bitte verzeihen Sie dem Zossel sein *senium*.«

Bedeutung: Altersschwäche, Greisenalter

sensus communis

Zu Hause: »Du immer mit deinen kleinbürgerlichen Vorurteilen!« – »Bis jetzt lag ich jedenfalls mit meinem *sensus communis* immer richtig.«

Bedeutung: «gesunder« Menschenverstand

T

timidus

Auf dem Bolzplatz: »Stellt Tim doch zwischen die Pfosten!« – »Ne, der geht besser in die Verteidigung – da is' es nich' so schlimm, wenn er sich vor dem Ball als *timidus* entpuppt.«

Bedeutung: Angstpfote

torpor

Im Cabrio-Fanclub: »Was für'n Typ is' denn der Neue mit dem silbermetallic SEL?« – »Kurz: Typ *torpor*.«

Bedeutung: Stumpfsinn, Stumpfsinniger (med.)

turbator

In der Schule: »Jetzt könnt' ihr auf einmal wieder still sein – aber ich werd' den *turbator* schon ermitteln.«

Bedeutung: Aufrührer

Latinum iustitiae

Das Rechts-Latein

Für den Laien-Richter, den *advocatus diaboli*

C

casus

Unter Freundinnen: »Hast du dir jetzt einen Juristen geangelt?« – »Noch nicht. Wir hangeln uns noch so von einem *casus* zu nächsten.«

Bedeutung: Fall

contra legem

In der Gerichtskantine: »Den Ton Ihres Mandanten würd' ich mir nicht gefallen lassen, Herr Kollege.« – »Na, was glauben Sie denn: dem hab' ich natürlich längst was *contra legem* gegeben, daß er zwei Tage dicke Ohren hat.«

Bedeutung: gegen das Gesetz, wortlautwidrig

corpus delicti

In der Diskothek: »Was hast du den heute wieder für einen kriminellen Blick drauf.« – »Na, guck' doch bloß mal aufs Parkett – ein *corpus delicti* schöner als der andere.«

D

damnatur

Auf dem Heimweg: »Mit den Noten kann ich mich zu Hause kaum sehenlassen – die sind ja mehr eine *damnatur* als ein Zeugnis.«

Bedeutung: Verdammung; wörtl.: er, sie, es wird verdammt

dictum

Zu Hause: »Du räumst dein Zimmer sofort auf, oder du kriegst 'ne Woche Arrest!« – »Is' das dein letztes *dictum*, oder hab' ich noch ein wenig Aufschub?«

Bedeutung: Ausspruch

F

falsum

Vor dem Opernabend: »Ich finde meine Perlen-Halskette nirgendwo.« – »Egal. Wer Wagner hört, der kann ruhig ein *falsum* zu einem falschen Ton ertragen.«

Bedeutung : Falsches, Unechtes

I

in crimine

Vor dem Kino: »Hier trifft man euch also *in crimine.*« – »Quatsch, das war'n Liebesfilm.«

Bedeutung: auf frischer Tat

in dubio pro reo

Der Ehestreit: »Na gut, ich hab' dich immer angelogen, wenn du gefragt hast – ich liebe dich gar nicht so, wie du schon immer vermutet hast: aber sollte ich deswegen gleich dein *in dubio pro reo* erschüttern?«

Bedeutung : im Zweifel für den Angeklagten

in duplo

In der Schule: »Der Neue paßt bei Klassenarbeiten auf wie ein Luchs und denkt sich immer neue Vorsichtsmaßnahmen gegen das Abschreiben aus – demnächst müssen wir die Klausuren noch *in duplo* abgeben.«

Bedeutung: in zweifacher (Ausfertigung)

in statu quo

Beim Makler: »Die angebotene Wohnung ist der reinste Trümmerhaufen – und dann die Luxusmiete.« – »Jetzt übertreiben Sie aber: ich finde, die ist ganz gut *in statu quo* vermietbar.« – »Ob das noch was bringt, wage ich zu bezweifeln.«

Bedeutung: im jetzigen Zustand

in statum quo ante

Bei Mondschein: »Du bist schön wie ein Schmetterling!« – »Aber hältst du auch zu mir, wenn ich mich *in statum quo ante* entwickele?«

Bedeutung: in den früheren Zustand

in triplo

Im Amt: »Ich hab' Ihnen meinen Antrag im Doppel schon letzten Monat reingereicht und er ist immer noch nicht bearbeitet!« – »Mag sein. Wir benötigen ihn *in triplo* bevor wie loslegen.«

Bedeutung: in dreifacher Ausfertigung

institutum

Nach Feierabend: »Diese ewige Ansbeinpinkelei der ganzen Büro-Nässer-Truppe mit ihren Gurkenköppen fällt mir ganz schön auf'n Wecker.« – »Ach was? Das *institutum* ist mir bei euch gar nicht so geläufig.«

Bedeutung : Brauch, Gewohnheit

intra legem

Im Golfclub: »Natürlich könnte ich Ihrer Partei was spenden – aber mal ehrlich, daß lohnt sich doch für mich *intra legem* so überhaupt nicht.«

Bedeutung: gesetzestreu

ius ad rem

Am Strand: »Ihr Bube hat meiner Kleinen das Schäufelchen geklaut!« – »Und wie wollen Sie das *ius ad rem* belegen?«

Bedeutung: Recht auf die Sache

ius divinum

Unter Männern: »Claudia ist nicht nur schön, sondern auch unglaublich doof.« – »Die glaubt eben, das *ius divinum* ist auf ihrer Seite.«

Bedeutung: göttliches Recht

L

lex generalis

In der Kneipe: »Pfui Deibel, is' das ein Qualm hier – man müßte glatt eine *lex generalis* machen, um den Rauchern endlich beizukommen, Prost!«

Bedeutung: allg. Gesetz

lingua franca

Im Restaurant: »Was sind denn das hier für Phantasiepreise – und in welcher Sprache sind diese ulkigen Gerichtenamen? Sieht nach *lingua franca* aus.«

Bedeutung: (Bezeichnung einer) Handelssprache

M

mandatum

Vor dem Restaurant: »Sie hatten reserviert? Darf ich Sie dann an ihren Tisch führen?« – »Nur nichts überstürzen, Mann – haben Sie da denn überhaupt ein *mandatum* für?«

Bedeutung: Weisung, Geschäftsauftrag, Vollmacht

N

nemesis

Vor Gericht: »Leugnen Sie die Tat doch nicht – die Beute wurde Ihnen doch abgenommen.« – »Es gibt eben keine *nemesis* mehr!«

Bedeutung: Gerechtigkeit

P

petitum

Beim Rendezvous: »Heut' abend darfst du frei wählen, was wir machen – also: ich höre dein *petitum*!?«

Bedeutung: Antrag

prosecutor

In der WG-Küche: »Oh, Scheiße, Lars hat den Abwasch wieder nich' gemacht – wer macht heut' abend den *prosecutor* im Schnellgericht?«

Bedeutung: Ankläger

punctum puncti

Im Debattierzirkel: »Bravo, Otto, du hast es mal wieder getroffen – ins Schwarze.« – »Naja, ich hab' mich halt' so *punctum puncti* ans Thema rangearbeitet.«

Bedeutung: Hauptpunkt

U

usus fructus

Beim Obstmann: »Mist, daß man in so 'ne Melone auch nich' reinschauen kann – die müßte man vorher ausleihen.« – »Und wem soll ich sie dann noch *usus fructus* zuschlagen?«

Bedeutung: Nutzungsrecht

V

versus

Am Bolzplatz: »Wir sind grademal Zwölf, machen wir zwo à sechs. Frage: wer *versus* wen?« – »Meinste jetzt who is who oder wat?«

Bedeutung: gegen

vis maior

Vor Gericht: »Und worauf führen Sie Ihr plötzliches Black-out beim Überfahren der roten Ampel zurück?« – »Da brach sich irgendwie elementar das Grün Bahn, *vis maior*, Herr Richter.«

Bedeutung: höhere Gewalt

Latinum medicum

Das Kranken-Latein

Für den gesunden Menschenverstand des *homo medicus autodiagnosticus*

A

amphetaminus

Beim Rendezvous: »Du siehst heut' so blaß aus!« – »Kann gar nich' angehn – hab zwei Apfelsinen gegessen. Da ist doch massenhaft *amphetaminus* drin!«

appendix

Beim Frisör: »Hinten kann die Länge bleiben – ich will mir im halben Jahr 'nen *appendix* draus knoten.«

Bedeutung: Anhängsel

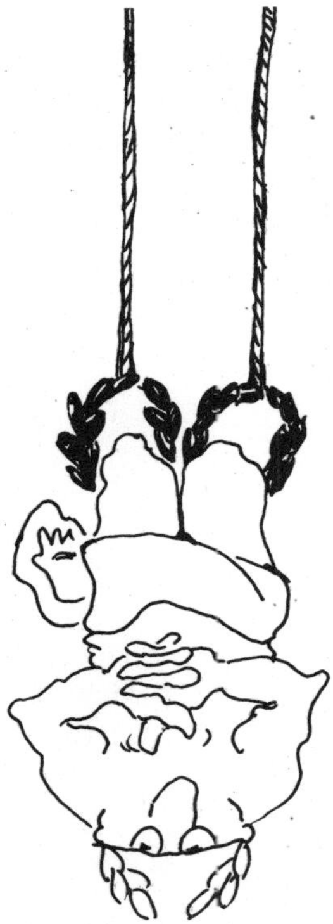

homo appendix

C

capillaris

Beim Ehestreit: »Wer hat denn neulich noch bei Krauses so getan, als hätten wir uns alles gemeinsam erarbeitet?« – »Nun werd' doch bloß nich' so *capillaris*.«

Bedeutung: haarfein

coma

Zu Hause: »Diese Scheiß-Familienfeste. Ich will nich' mit. Oma is' doch schon fast *coma*!«

Bedeutung : Haar, Mähne, Wolle, Laub, Blüten, Lichtstrahl – vorsichtig Hochstapler: es gibt auch griech. *coma*, aber das wird koma geschrieben und heißt wieder ganz was anderes!

corpus delecti

In der Diskothek: »Wow, wer ist denn die tolle Frau?« – »Bin ich Sherlock Holmes? Da mußt du das *corpus delecti* schon selbst befragen.«

cutis cummi elasticae

Montagmorgen im Büro: »Ah, Häuptling Hängendes Lid tritt auf!« – »Die Squaw möge schweigen! Du hast deine *cutis cummi elasticae* am Wochenende auch nicht gerade gestrafft.«

Bedeutung: Gummihaut

D

delirium tremens

Auf der Parkbank: »Was kullerst du denn so mit den Augen?« – »Ich glaub', ich krieg 'n *delirium tremens* von dir.«

dementia praecox

Im Bett: »Na gut, ich war wieder erster – aber diese *dementia praecox* oder so, hab' ich deswegen noch lange nich'.«

Bedeutung: Jugendirresein

dementia senilis

Unter Freundinnen: »Ich trenne mich von Freddy.« – »Ach? Warum? Der Typ is' doch top.« – »Er scheint mir einer der seltenen Fälle zu sein, wo die *dementia senilis* schon mit zweiundzwanzig einsetzt.«

Bedeutung: Altersschwachsinn

dens

In der Diskothek: »Du kannst doch nicht zu der Puppe sagen: wollen wir ma' 'ne Runde drehen? Cool bleiben! Das heißt: Ey *dens*! Wollen mal einen abdancen?«

Bedeutung: Zahn

digitus anulatus

Vor Gericht: »Haben Sie nun dem Kläger in beleidigender Weise den bewußten Finger entgegengestreckt?« – »Aber nein, das war nur der *digitus anulatus*, damit der weiß, das ich schon bedient bin.«

Bedeutung: Ringfinger

digitus mortuus

Im Cafe: »Jetzt hab' ich deinen Verflossenen nich'mal zu sehn gekriegt. Zeigst du ihn mir mal, wenn wir ihn treffen?« – »Den? Auf den würd' ich nicht mal mehr mit 'nem *digitus mortuus* zeigen.«

Bedeutung: abgestorbener Finger

dispensarium

In der Küche: »Mußt du denn immer diesen Kräuterkram kochen? Statt eines Rezeptbuches scheint's du ein *dispensarium* zu benutzen.«

Bedeutung: Arzneibuch

drasticum

In der Schule: »Es ist zum Kotzen, Franz: du hast schon wieder eine Fünf zusammengekliert.« – »Oh Mann, das ist aber ein ganz schönes *drasticum*.«

Bedeutung: starkes Abführmittel

E

enteralis

Beim Ehestreit: »Dein kluges Gerede ist doch total für'n Arsch!« – »Ich wußte ja, daß du *enteralis* geneigt bist.«

Bedeutung: auf den Darm bezogen

excrementum

Am Bolzplatz: »Die Mannschaft gewinnt augenblicklich jedes Spiel – wenn jetzt doch bloß die *excrementum*-Phase für die Oberliga wäre.«

Bedeutung: Ausscheidung

extra matrimonium

Die Freundin: »Willst du eigentlich mal meine Eltern kennenlernen?« – »Hast recht. Is' vielleicht klüger, wenn man schon *extra matrimonium* weiß, was auf einen zukommt.«

Bedeutung: außerehelich

F

furibundus

Beim Skat: »Egbert, auch wenn du zum *furibundus* neigst – mir gehört der Rest.«

Bedeutung: jähzornig (med.)

furor uterinus

In der Diskothek: »Na Alter, alles geil hier, wa?« – »Bitte? Zu deiner Information: ich tendiere im Gegensatz zu dir nicht zum *furor uterinus*.«

Bedeutung: Nymphomanie

G

genu laxum

Bei der Abiprüfung: »Sprechen Sie deutlicher, Hasenbrinck!« – »Wie kann ich das bei dem *genu laxum*!«

Bedeutung: Schlotterknie

H

humerus

Im Bus: »Würd' es Ihnen sehr viel ausmachen, Ihren *humerus* aus meinem Rücken zu nehmen?«

Bedeutung: Oberarmknochen

I

idiotypus

Im Schwimmbad: »Irrer Kopfsprung da vom Dreier!« – »Den *idiotypus* mit dieser Entchenhaltung kenn' ich schon vom Stabhochsprung beim Bundesjugendsportfest.«

Bedeutung: Erbgut, Zelle (med.)

in vivo

Beim Arzt: »Machen Sie sich frei zur Untersuchung!« – »Oh Gott, Sie wollen doch wohl nich' *in vivo* praktizieren, Herr Professor?«

Bedeutung: am lebenden Körper

inappetens

In der Kneipe: »Wir haben Spiegelei auf Toast und Strammer Max. Wat woll'n Se nu?« – »Vergessen Sie's – ich hab 'n plötzlichen Anfall von *inappetens*.«

Bedeutung: Appetitlosigkeit

incubus

In der Küche: »Was schleichst du denn nachts am Kühlschrank 'rum?« – »Nix von Bedeutung, hab' nur so'n brüllendes *incubus* tief in mir verspürt.«

Bedeutung: Albdrücken (im Schlaf)

inexistens

Im Theater: »Hey Sie – wie kommen Sie denn hier zur Probe schon rein?« – »Keine Aufregung! Machen Sie nur ungestört weiter und betrachten Sie mich einfach als *inexistens*.«

infusum

In der Kneipe: »Wirt, dein Stoff gerät beim Zapfen doch nur zum *infusum* – gib' mir ein Flaschbier !«

Bedeutung: Aufguß

inhibitor

Im Damenklo: »Gerti, wozu schleppst du eigentlich immer die Buttersäure mit dir 'rum?« – »Für alle Lagen – als *inhibitor*.«

Bedeutung: Hemmstoff (chem.)

L

labilis

Im Büro: »Was wippelt der Müller ständig mit seinem Stuhl – der macht mich noch ganz nervös!« – »Der wackelt nich' mit dem Stuhl – der is' sowas von *labilis*!«

Bedeutung : schlüpfrig

laxativum

laxativum

Im Polizeirevier: »Ich protestiere! Man hat mir mit einem Gummiknüppel auf den Kopf gehaun!« – »Seien Sie froh! Gummi ist ein Naturprodukt und augenblicklich unser umweltfreundliches *laxativum*.«

Bedeutung: mildes Abführmittel

libido

Die Damen im Ausflugslokal: »Na Mädels, wollen wir uns 'ne Runde Erdbeeren mit Sahne gönnen?« – »Au ja, da haben wir alle 'ne riesen *libido* drauf.«

Bedeutung: Begierde, Lust, Drang

M

marasmus senilis

Am Sonntag: »Los, du Schnarchsack, komm' vom Sofa hoch – joggen!« – »Ooooch nöö!« – »Du solltest deinen Körper dringend der Universität vermachen – einen Fall, wo die *marasmus senilis* mit zweiundzwanzig eintritt, hatten die bestimmt noch nich'.«

Bedeutung: Altersgebrechlichkeit

maturitas praecox

Der Autor im Gespräch: »Ich hab' mich früh dem Schreiben gewidmet – aus Frauen und diesen Dingen hab' ich mir nie was gemacht. Es war so eine Art *maturitas praecox* meiner schöpferischen Intelligenz.«

Bedeutung: Frühreife

medicus

In der Warteschlange vorm Wurststand: »Bitte treten Sie zurück, Herrschaften, und lassen Sie doch den *medicus* mal zum blutigen Fleisch durch.«

Bedeutung: Arzt

mentaliter

Beim Klassentreffen: »Wie fühlst du dich denn so frisch verheiratet?« – »Ach gut. Nur *mentaliter* macht mir das manchmal noch Probleme.«

musculus risorius

Im Cafe: »Was grinst du denn immer so dämlich, Larry, sieht ja schon leicht irre aus?!« – »Don't worry, Babe, is' nur 'n akuter Krampf im *musculus risorius*.«

Bedeutung: Lachmuskel

N

nasaliter

In der Schule: »Franz, ich weiß nich', woher du bei deinen Leistungen noch deine Arroganz nimmst.« – »Nun, nun, das wirkt wohl leicht so, weil ich meine message ein wenig *nasaliter* artikuliere.«

nativus

Unter Freundinnen: »Sag' mal, hast du dir wieder Rouge aufgetüncht – du mußt ja langsam mal abblättern?« – »Keine Sorge, Liebes, mein gesunder Teint is' original *nativus*.«

Bedeutung: angeboren

nervosa

Im Cafe: »Noch'n Espresso?« – »Pffft, nee. Das macht mir zu *nervosa*, wa.«

Bedeutung : sehnig; schwungvoll

nervus centralis

Am Nachmittag: »Kriegste nun noch Kohle für's Kino?« – »Glaub' schon, ich kenn' den *nervus centralis* von meinem Alten, wenn der eigentlich in Ruhe Sportschau sehn will.«

niesus sexualis

Im Büro: »Hatschi!« – »Wohl bekomm's.« – »Danke. Das schüttelt mich immer wie ein halber Orgasmus. Hatschiiii!« – »Na, hoffentlich isses nix chronisches, so'n *niesus sexualis* vielleicht.«

O

oculo

Unter Freundinnen: »Dein Detlef betrügt dich!« – »Alles Verleumdungen! Woher willst du das denn wissen?« – »Aber Liebling, ich weiß es *oculo*.«

Bedeutung: mit dem Auge

oralis

Im Büro: »Danke, danke für das fristlose Kündigungsschreiben – ich wollt' mir Ihren Entschluß noch mal *oralis* einholen, Teamchef.«

odor

Auf der Party: »Gaby, verrate mir, gibt es bei Euch nachher noch Krabben zu essen, oder woher kommt dies maritime *odor*?«

Bedeutung: Duft

P

patella

Unter Freundinnen: »Ach, du kennst dich mit Männern so gut aus. Sag' uns, was der richtige kick is!« – »Ihr müßt nur sein edelstes Teil kennen, die *patella*!« – »Iiiih, wie widerlich.«

Bedeutung: Kniescheibe

pavor nocturnus

Auf Hochzeitsreise: »Findest du es nicht ein wenig unromantisch, immer bei voller Beleuchtung im Bett zu liegen, Ralf?« – »Gundi, es ist doch nur, damit sich mein *pavor nocturnus* an dich gewöhnt.«

Bedeutung: Dunkelheitsangst

placebo

placebo

Zu Hause: »Is' der Junge schon wieder Fußballspielen, Fred?« – »Na und? Mein *placebo* hat er jedenfalls.«

postnatal

In der Therapiegruppe: »Hast du eigentlich Angst vorm Tod?« – »Ja! Woher weißt du das?« – »War nich' schwierig. Das ist *postnatal.*«

Bedeutung: (med.) nach der Geburt

praenatal

Bei Tisch: »Ich möchte bloß wissen, von wem du deine Manieren geerbt hast – von Dad und mir jedenfalls nich'.« – »Vielleicht is' das *praenatal*, Mom?«

Bedeutung: (med.) vorgeburtlich

prurigo ani

In der Schule: »Ich finde Herrn Lemgo immer so eklig, wie der mit gespreizten Beinen vor der Tafel steht.« – »Vielleicht hat der arme Mann *prurigo ani.*«

Bedeutung: Afterjucken

Q

quantum satis

Beim Spargel-Satt-Essen: »Daß du einfach nich' genug von dem Zeug kriegen kannst – das *quantum satis* muß doch irgendwie vor dem break kotz even point des Gastronomen zwischen dem zweiten und dritten Nachschlag liegen.«

Bedeutung: ausreichend

quantumvis

Am stürmischen Abend: »Wieviel Rum in den Tee?« – »Das *quantumvis* bestimmt sich danach, ob der Tee noch' rauszuschmecken is'.«

Bedeutung: beliebig viel (med.)

quantum maximum

Im Beichtstuhl: »Pater, ich wollte nix als Kohle machen – Verzeihung, ich wollt' sagen, ich hab' immer danach gestrebt, das *quantum maximum* abzugreifen.«

R

raptus

In der Diskothek: »Is' das vor der Bühne eigentlich Pogo?« – »Nee, ein offener *raptus* – die Trasher woll'n den D. J. lynchen, weil er schon das dritte Mal die Pet Shop Boys gespielt hat.«

Bedeutung: Raserei

regio glutaea

Im Büro: »Chef, das geht zu weit: Wiedemann hat mich in den Po gekniffen!« – »Sind Sie denn auch sicher, daß es die *regio glutea* war, Fräulein Schuster?«

Bedeutung: Gesäßgegend

relaxatio

Am Strand: »Finden Sie sich auf der Gummi-Palmeninsel hier mitten auf dem Strand nicht zu albern?« – »Ach was, die *relaxatio* braucht nich' die hohe See.«

Bedeutung: Erholung, Entspannung, Abschlaffung

S

sedativum

Im Hausflur: »Ich kann abends einfach nich' einschlafen, ich seh' bis spät in die Nacht fern.« – »Komisch, bei mir isses umgekehrt – ich kann einfach nich' fernsehen: das reinste *sedativum* – ich schlaf' immer sofort ein.«

Bedeutung : Beruhigungsmittel

solutus

Während der Fahrstunde: »Würde es Ihnen was ausmachen, jetzt anzufahren – hinter uns hupt die Schlange schon!« – »Sobald ich mich dazu genügend *solutus* fühl', die Hände vom Gebet zu lösen.«

Bedeutung: gelöst

spinosus

Unter Freundinnen: »Ich warn' dich: Larry is' ein totaler Spinner!« – »Ich würd' sogar sagen, ein *spinosus.*«

Bedeutung: stachelig

sternum

Bei Tisch: »Ich tranchiere: wer will eine Keule, wer den Hals?« – »Gib' mir das *sternum*!«

Bedeutung: Brustbein

stridor

Im Büro: »Was? Sie zünden sich schon wieder eine an? Die Luft steht doch schon vor Qualm!« – »Komisch. Ich hab' Ihren *stridor* aber bisher noch nicht gehört.«

Bedeutung: pfeifender (Atem)

surdus

Im Restaurant: »Warum gibste denn kein Trinkgeld nich'?« – »Auf dem Ohre bin ich *surdus* wie der olle Beethoven, wennste mir vastehst.«

Bedeutung: taub

T

tenuis

Neulich im Clubhaus: »Ihren Aufschlag müssen Sie noch verbessern, Dr. Brettschneider – heißt ja Tennis und nicht *tenuis*, all right?«

Bedeutung: dünn

Latinum biologicum

Das tierische Latein

Für den gelegentlichen Menschenfeind, den *homo misanthropicus*

A

anguis fragilis

Auf der Straße: »Müssen Sie mich denn unbedingt rempeln, Sie A... A... A... äh.., *anguis fragilis*!«

Bedeutung: (Biol.) Blindschleiche

atelopus stelzneri

In der Diskothek: »Nun guck' dir diese eitlen Gockel an – wie die zusammenklumpen, den Kamm stelzen und rhythmisch vor sich hin krähen.« – »Gockel? Sieht eher nach *atelopus stelzneri* aus.«

Bedeutung: Stummelfußfrösche

auditus magnus

Im Kreißsaal: »Ich muß Ihnen leider sagen, daß Ihr Kleiner so große Löffel hat, daß er damit in die Außenpolitik gehen kann – krasser Fall von *auditus magnus*.«

Bedeutung: großes Hörvermögen; Gensch-Wesen

B

bos

Im Restaurant: »Herr Ober, was ist denn das hier für 'ne trübe Brühe?« – »Die stammt EG-geprüft vom *bos*, werter Herr.«

Bedeutung: Ochse

bos primigenius

In der Kneipe: »Der Gerd hält sich wohl für was Besonderes?« – »Ja, seit er Ahnenforschung betreibt – schätze, der kann seinen Stammbaum bis auf den *bos primigenius* zurückverfolgen.«

Bedeutung: Auerochse

bufo bufo

In der Boutique: »Dieser lehmfarbene Anzug steht Ihnen vorzüglich, gnä' Frau!« – »Ich weiß nich' – seh' ich damit nich' eher wie'n *bufo bufo* aus der Wäsche?«

Bedeutung: Erdkröte

C

camelus dromedarius

Beim Einkaufen: »Halt' mal kurz noch meinen Rucksack, bis ich alles verstaut habe, Thommie!« – »Spinnst du? Damit seh' ich doch aus wie 'n *camelus dromedarius*!«

Bedeutung: Dromedar

canis

In der Wohngemeinschaft: »Bring' deinen Köter gefälligst auf die Straße, wenn der an 'n Baum muß!« – »Wie redest du von meinem edlen *canis*, dem alten Hausfreund der Menschheit.«

Bedeutung: Hund

coitus

Im Biologieunterricht: »Max, wie bestäuben denn nun die Bienen die Blüten?« – »Ganz einfach. Durch einen *coitus* mit dem darin befindlichen Ständer.«

cricetus familiaris

Im Supermarkt: »Was issen heut' los – die Leute kaufen ja weg, als stünden vierzehn Feiertage bevor.« – »Is' die Donnerstag-Krise – da bricht sich der *cricetus familiaris*-Komplex zum Wochenende Bahn.«

Bedeutung: Hamster

D

deroceras agreste

Im Urlaub: »Dies Bayern is' ja irgendwie schön bergig – aber hier im Tal hat's ja nur *deroceras agreste* im Dirndl, da hätt' ich auch in Friesland bleiben können.«

Bedeutung: Ackerschnecke

E

euspongia officinalis

Vorm Bad: »Nanu, Franz, ich hör' heut' dein fröhliches Pfeifen gar nicht – sitzt du da auf dem Trocknen?« – »Ach, Henriette, frag' mich nich', mir is' der blöde *euspongia officinalis* glatt zwischen den Fingern zerbröselt.«

Bedeutung: Badeschwamm

H

hippopotamus amphibius

Im Porzellanladen: »Haben Sie hier einen Elefanten vorbeikommen gesehn – so einssiebzig, graugestreift, mit 'ner Schweinsledernen unterm Arm?« – »Nee. Aber nebenan in der Konfiserie war grad ein *hippopotamus amphibius*, auf das die Beschreibung paßt.«

Bedeutung: Fluß-(Nil-)Pferd

homo ventilis wallis

Beim Psychologen: »Sie müssen zu Haus Ihren Ärger unbekümmert rauslassen.« – »Ach, Herr Doktor, tun Sie das mal, wenn Sie mit einem *homo ventilis wallis* verehelicht sind.«

Bedeutung: Umweltminister, der GAUs in AKW mit einem Ventil zu meistern gedachte

I

inarticulata

Nach der Bürgerversammlung: »Puh, war'n da wieder Schwafler angeballt – da wird man ja automatisch zum *inarticulata*.«

Bedeutung: Armfüßer (primitive Arten)

L

larva

Am Lagerfeuer: »Hat dir schon mal jemand gesagt, daß du arschhäßlich bist, Paul?« – »Hat dir schon mal jemand erklärt, wofür die *larva* nur Zwischenstadium ist – aber deine Dummheit verwächst nich'.«

Bedeutung: («Gespenst«), Larve

M

meles meles

Bei der Faschingsparty: »Herbie, du Blaßling, du solltest dich auch verkleiden, du Hirsch, du Nager!« – »Ich bin verkleidet.« – »So? Und als was, bitte?« – »Als *meles meles* vielleicht sogar?«

Bedeutung: (plumper) grauer Marder

mus musculus

Zu Hause: »Iiiihhh, in der Speisekammer is ein Tier beim Kompott?« – »Aha, naja – wahrscheinlich eine *mus musculus.*«

Bedeutung: Hausmaus

nautilus rusticanus

N

nautilus rusticanus

An der Alster: »Na, Skipper, nach Büroschluß noch ma' zünftig ablegen?« – »Seh' ich so aus? Ich bin doch kein *nautilus rusticanus.*«

Bedeutung: Kopffüßer

R

rattus rattus

Auf der Straße: »Huch, Mädchen, da krabbelt was ganz Furchtbares auf deiner Schulter, dreh' dein Gesicht nicht um!« – »No problems, Omchen, wohl in Bio nich' aufgepaßt? Is' doch nur'n *rattus rattus.*«

Bedeutung: Hausratte

S

squalius cephalus

Im Büro: »Ich faß' es nich': der Olle hat Müller befördert!« – »Was?« – »Ja. Der sagt doch tatsächlich mit verzückt rollenden Augen ›Mein unbeschreiblicher, einmaliger *squalius cephalus*‹ zu ihm.«

Bedeutung: Döbel, Dickkopf

sylvia communis

In der Diskothek: »Wer is' denn der blonde Hüpfer da?« – »Vorsicht, Detlef, die saugt Blut, das is 'ne *sylvia communis.*« – »Sylvia vonner Kommune – ach du Scheiße, wo ich schon genuch Ärger mitter Steuer hab'.«

Bedeutung: Grasmücke

T

tubifex

Im Heilbad: »Sind Sie ganz sicher, daß es einen Menschen irgendwie aufbaut, wenn er dreimal täglich wie ein *tubifex* aussieht?«

Bedeutung: Schlammröhrenwurm

Latinum agricolum privatissimum

Das Gärtner-Latein

Für den Freund des Lebens, des Waldes und der Wiesen, den *homo humus*

A

ahaetulla nasuta

Auf der Straße: »Hallo Walter, schon wieder soviel Plaster im Gesicht?!« – »Tja, ich kann einfach an keinem Baum vorübergehen. Allmählich fühl' ich mich wie eine *ahaetulla nasuta.*«

Bedeutung: Baumschnüffler (Natternart)

C

coffea arabica

Im Büro: »Müller, sind Sie verrückt geworden, so auf den teuren Automaten einzutreten?« – »Halten Sie mich nich' zurück! Das Groschengrab – jetzt pflanz' ich hier 'ne *coffea arabica* auf den Trümmern.«

Bedeutung: Kaffeestrauch

D

digitalis

Das zarte Geständnis: »Du, ich kann mir keine Knöpfe annähen?« – »Oh Süßer, wieso?« – »Ich pieks mich dabei immer.« – »Nur nicht den Mut verlieren: ich schenk' dir 'nen *digitalis.*« – »Toll, was das heute alles so gibt.«

Bedeutung: Fingerhut

F

ficus elastica

Auf der Party: »Perfekt, Larry, dieses Fuffziger-Jahre-Ambiente durch deine Blumenzucht.« – »Ignorant, das sind keine Blumen, das is' original rekultivierte *ficus elastica.*«

Bedeutung: Gummibaum

H

horticultura

In der Opernpause: »Ich finde ja, daß es besonders wichtig für junge Menschen ist, hohe Kunst rechtzeitig zu konsumieren – und wenn es uns noch so viel Subventionen kostet.« – »Genau, die hohe Kunst – was wären wir ohne solche *horticultura.*«

Bedeutung: Gartenbau

humus

Bei der Wohnungseinweihung: »Wer hat denn diesen ekligen Dreck über meine Auslegeware verteilt?« – »Dreck? Das ist reinster *humus* – ich komm' grad aussem Garten wegen den Blumen für dich.«

I

in floribus

Beim Klassentreffen: »Du siehst ja noch unverändert aus.« – »Da hast du mich damals aber kaum angesehen, als ich noch *in floribus* war.«

Bedeutung: in Blüte, in Wohlstand

in globo

Der Chefredakteur: »Herrschaften, is' das heut' wieder 'ne muffige Runde hier – ich will, daß Sie nicht so provinziell die Themen angehen, sondern *in globo* bitte!«

Bedeutung: im ganzen

in natura

Bei der Lesung: »Lern' ich Sie auch mal kennen! Ich hab' schon viel von Ihnen gelesen – aber so *in natura* sind Sie ja doch viel netter.«

M

monocultura

Im Rathaus: »Machen wir eigentlich demnächst wieder ’n Bieranstich-Fest?« – »Ne, bei soviel *monocultura* steigen uns die Winzer aufs Dach.«

N

noli me tangere

Beim Betriebsfest: »Claudia, ich bin kein Kind der Schwermut – wenn es Sie also zu Avancen drängt, ich werd’ mich nich’ als *noli me tangere* erweisen!«

Bedeutung: das Faßmichnichtan

oasis privata

O

oasis privata

In der Studentenbude: »Nanu, du hast ja kein einziges Buch hier drinnen!« – »Na klar – das is’ doch meine *oasis privata.*«

P

parasitus

Im Restaurant: »Oh, das sieht aber lecker aus, was du da bestellt hast – darf ich mal kosten?« – »Pfoten weg! Herr Ober, könnten Sie bitte diesen *parasitus* von meinem Tellerrand entfernen?«

pisum sativum

Im Hotel: »Na, gut geschlafen?« – »Überhaupt nich' – die Matratzen hatten Knubbel.« – »War'n vermutlich zur Gäste-Probe *pisum sativum* eingewoben, wie?«

Bedeutung: Erbse

populus tremulans

Die Dichterlesung: »Ich danke Ihnen für das Geräusch nach meinem Gedicht – es inspiriert mich zu einem Poem über die *populus tremulans.*«

Bedeutung: Zitterpappel

R

rusticanus

In der Diskothek: »Larry, so schlimm kann es doch wohl nich' regnen, daß du hier mit Gummistiefeln auftauchen mußt?« – »Hast du ne Ahnung, Edgar, die Treibhauseffekte, das Pole-Abschmelzen, etc. – da is' der Typ *rusticanus* angesagt.«

Bedeutung : ländlich

T

tunga penetrans

Am Strand: »Hat Ihnen eben so 'ne kleine Nervensäge unbedingt ein Eimerchen Sand für fünf Mark verkaufen wollen?« – »Ja genau, den *tunga penetrans* hatt' ich da vorn eingebuddelt, wo die roten Schwimmflossen und die gleichfarbige Kreischbirne rausgucken.«

Bedeutung: Sandfloh

Latinum totale

Das Latein-Register

als *non plus ultra* in non plus ultra

A

a priori 44 * abdicatio 5 * abiudicatio 5 * abiuratio 5 * ablactatus 66 * absentia 54 * activum 44 * acutus 29 ad hoc 29 * ad honorem 54 * ad interim 29 * ad modum 29 * ad multos annos 5 * ad nomen 54 * ad notam 5 * ad rem 54 * ad usum Delphini 44 * adde! 29 * aerophobus 54 * agitatum 30 * ahaetulla nasuta 94 * allergicus 44 * amor fati 5 * amphetaminus 77 * anguis fragilis 89 * animalis 44 * animativus 44 * animus 30 * anno currente 54 * anonymus 30 * ante mortem 6 * aperitivum 55 * apostat 45 * appendix 77 * applicatum 45 * aqua destillata 30 * argumentum e contrario 55 * atelopus stelzneri 89 * Argus 30 * ars paupera 45 * auditus 6 * auditus magnus 89 * aversio 45

B

biformis 55 * bilinguis 55 * binaural 56 * binocular 56 * bipolar 56 * bona fide 6 * boris superbum 45 * bos 89 * bos primigenius 89 * brevi manu 56 * bufo bufo 90

C

camelus dromedarius 90 * canis 90 * capillaris 78 * captatio benevolentiae 56 * casus 72 * census 30 * centrifugalis 56 * cerberus 6 * ceteris paribus 6 * circulus vitiosus 6 * circumscriptum 7 * clavus 7 * coffea arabica 94 * cogito 45 * coitus 90 * coma 78 * communis 7 * compactus discus 46 * compendium 8 * compensationes 56 * compilatum 57 * complementum 57 * con gracia 57 * condominat 31 * connotatus 31 * contra legem 72 * conveni 46 * convivium 31 * coppola francis compendium 57 * corpus delecti 72, 78 * covarians 58 * crassus 66 * credo ut intelligam 58 * cricetus familiaris 90 * crux 8 * cubus 8 * cumulatio 46 * cura posterior 58 * cutis cummi elasticae 78

D

damnatur 72 * de facto 21 * de profundis 47 * definitum 31 * defloratio 8 * digitalis 94 * degressivus 47 * delectabile 47 * delirium tremens 78 * dementia praecox 79 * dementia senilis 78 * demonstrator 58 * dens 79 * deroceras agreste 90 * descendentum 47 * desideratum 47 * devitalis 66 * devotus 66 * dictio 58 * dictum 72 * digito 47 * digitus anulatus 79 * digitus mortuus 79 * discursus 47 * dispensarium 79 * dispositor 31 * dissolventia 58 * dominus vobiscum 9 * drasticum 79 * ductus 31

E

editiones muscarum 32 * efflatus 67 * effluvium 67 * eloquens 48 * energicum 32 * enteralis 79 * eo ipso 9 * ergo 48 * eroticus 32 * erratum 9 * espirando 48 * espressivus 32 * euspongia officinalis 91 * eventualiter 48 * ex cathedra 9 * ex est 9 * ex officio 9 * ex post (facto) 48 * ex tempore 59 * ex usu 59 * examinator 59 * examinatorium 59 * excrementum 80 * excursus 59 * exempli causa 59 * exorbitans 48 * exorbitantus 33 * expeditum 60 * exportus 10 * expositum 60 * expressis verbis 10 * externum 33 * extra matrimonium 80 * extra muros 10 * extra ordinem 60 * extractum 33

F

factum 34 * falsum 73 * fiscus elastica 95 * flatus 67 * formaliter 34 * fossilis 67 * fragmentum 60 * fulminatae 34 * furibundus 80 * furor uterinus 80

G

gaudeamus igitur 10 * generaliter 34 * genesis 60 * genitivus 60 * genu laxum 80 * genus 10 * gerontocratus 10 * gnomologus 68

H

habent sua fata libelli 11 * habitus 34 * hippopotamus amphibius 91 * hoc est 11 * hoc loco 61 * homo oecologicus 12 * homo oeconomicus 11 * homo ventilis wallis 91 * honoris causa 61 * horribile dictu 12 * horticultura 95 * humanitas 34 * humoristicum 61 * humus 95 * hydrophilis 12

I

id est 12 * idiotypus 81 * ignoramus et ignorabimus 13 * imago 35 * immobilis 35 * impetus 35 * implicatum 61 * importans 61 * impulsus 35 * in abstracto 35 * in aeternum 13 * in brevi 61 * in concreto 61 * in crimine 73 * in dubio pro reo 73 * in duplo 73 * in effectu 35 * in facto 35 * in floribus 95 * in globo 95 * in memoriam 62 * in natura 95 * in optima forma 49 * in persona 36 * in praxi 36 * in spe 13 * in statu quo 73 * in statum quo ante 73 * in toto 36 * in triplo 74 * in vivo 81 * inappetens 81 * inarticulata 91 * incendium 14 * incubus 81 * inexistens 81 * inferior 68 * infusum 81 * inhibitor 81 * initium 14 * inquisitor 14 * insolens 68 * institutum 74 * instructor 62 * integer 14, 36 * integralis 49 * intelligo ut credam 14 * intentio 62 * intentio solaris 49 * internum 62 * intima 68 * intra muros 14 * intra legem 74 * intus 14 * invadere 15 * invectivum 68 * invitatus 62 * ipsissima verba 15 * irrespirabilis 15 * ius ad rem 74 * ius divinum 74

L

labilis 82 * labium fissum 69 * lalophobus 69 * lambada 50 * larva 91 * latinus amans 37 * laxativum 82 * lex generalis 74 * libido 82 * lingua franca 74 * liquet 37 * locus communis 15 * locus horridus 15 * logicus 15 * ludus 37

M

mala fide 69 * maledicax 69 * mandatum 75 * manu propria 62 * manufactura 16 * marasmus senilis 83 * maturitas praecox 83 * maturum 16 * maximum 38 * media vita in morte sumus 16 * medicus 83 * medium 16 * meles meles 92 * mentaliter 83 * mente captus 69 * minimalis 38 * minimum 38 * mirabile dictu 62 * mixtum compositum 63 * mobilis 38 * modus vivendi 16 * monitum 38 * monodrama 38 * monogamus 16 * monocultura 96 * monolingual 63 * mordens 69 * mores 50 * moria 70 * mortificator 70 * mortorium 38 * mortuarium 63 * movens 39 * mundus intelligibilis 17 * mus musculus 92 * musculus risorius 83 * musica antiqua 17 * mutabilis 50 * mutatis mutandis 17

N

nasaliter 83 * nativus 83 * nautilus rusticanus 92 * negatio 39 * negativum 39 * nemesis 75 * nervosa 84 * nervus centralis 84 * nervus rerum 18 * neutrum 50 * niesus sexualis 84 * nimbus 50 * nobilis 51 * neli me tangere 96 * nomen proprium 51 * non vitae, sed scholae discimus 18 * normalis 39 * novum 39 * nudis verbis 63 * nuntiator 70

O

oasis privata 96 * obiectum 18 * obligatus 18 * obstinatum 18 * oculo 84 * odor 84 * offertus 19 * omnia mea mecum porto 19 * omnipraesens 51 * ondulitis 40 * opinio communis 40 * opportunis 51 * optima fide 19 * opus eximium 64 * opus tesselatum 19 * ora pro nobis 19 * oraculum 19 * oralis 84 * oratio recta 64 * orator 64 * orbis terrarum 19 * ordinarius 20 * oremus 20 * otium cum dignitate 20

P

panem et circenses 20 * parasitus 97 * passivus 40 * pastoralis 20 * patella 85 * pavor nocturnus 85 * peiorative 70 * per definitionem 41 * per fas et nefas 20 * perpetuum 21 * perpetuum mobile 21 * persistens 21 * persona grata 21 * persona non grata 22 * petitum 75 * pisum sativum 97 * placebo 85 * populus tremuans 97 * post mortem 22 * postnatal 86 * praenatal 86 * praepotens 51 * praeurbanus 51 * principaliter 40 * privatissimum 41 * pro memoria 64 * pro nihilo 52 * pro primo 52 * prodromus 64 * prosecutor 75 * punctum puncti 75 * prurigo ani 86

Q

qua 22 * quantum satis 86 * quantum 23 * quantum maximum 86 * quantum sah's 86 * quantumvis 86 * quidam 52 * quidproquo 23 * quo vadis 23 * quod erat demonstrandum 23 * quodlibet 23 * quotus 41

R

raptus 24, 87 * rattus rattus 93 * realiter 41 * recenter paratum 52 * receptionis mater 41 * regio glutaca 87 * relaxatio 87 * rene collo collosalis 41 * renegatus 24 * repositorium 64 * requiescat in pace 24 * res cogitans 24 * resignans 41 * rusticanus 97

S

sacrificium intellectus 24 * scandalum 42 * sedativum 87 * sedimentum 71 * senium 71 * sensorium 24 * sensus communis 71 * signum 65 * simpliciter 42 * socius 25 * spectaculum 52 * spinosus 88 * spiritus rector 65 * solutus 87 * spolium 25 * squalius cephalus 93 * status quo 25 * sternum 88 * stridor 88 * subsidium 25 * substractum 42 * successive 42 * sui generis 25 * sum 25 * summarium 53 * summarum summarissimum 52 * summum bonum 25 * superior 53 * suppositum 42 * surdus 88 * sylvia communis 93

T

tabula rasa turbo 42 * tango 53 * temperamentum 26 * tenuis 88 * terra incognita 26 * tertianus 65 * tertium non datur 26 * tertius gaudens 26 * tertius gandet duobus litigantibus 27 * timidus 71 * tonus 27 torpor 71 * totalis 53 * totaliter 43 * tua res tubifex 93 * agitur 27 * tunga penetrans 97 * turbator 71

U

ultra posse nemo obligatur 27 * unisexus 53 * universalis 53 * unus pro multis 27 * urbi et gorbi 43 * urbi et orbi 27 * usus fructus 76

V

veni vidi rambo 43 * versus 76 * vertatur 28 * vide 28 * vigilans 28 * viribus unitis 28 * virus 43 * vis inertiae 28 * vis maior 76 * voluptuosus 43 * votum 43 * vulgaris 53